四川历史名人丛书
传 记 系 列

朱泽荪 等-著

文翁传

天地出版社 | TIANDI PRESS

四川历史名人（第二批）丛书
编委会名单

主　任：罗　勇

副主任：李　强　陈大利　王华光　马晓峰

委　员：谭继和　何一民　段　渝　高大伦　霍　巍
　　　　张志烈　祁和晖　林　建　杨　政　黄立新
　　　　唐海涛　常　青　泽仁扎西　侯安国　张庆宁
　　　　李　云　蒋咏宁　张纪亮

四川历史名人（第二批）丛书总序

——传承巴蜀文脉，让历史名人"活"起来

文化是民族的血脉。文化兴国运兴，文化强民族强。

党的十八大以来，习近平总书记以政治家的战略眼光，以唯物主义的科学态度，从中华文化的思想内涵、道德精髓、现代价值和传承理念等方面多维度、系统化地阐述了对待中华文化的根本态度和思想观点。他将中华优秀传统文化提升到"中华民族的基因""中华民族的根和魂"的崭新高度，指出"一个国家、一个民族不能没有灵魂"，要"加强对中华优秀传统文化的挖掘和阐发"，努力实现传统文化的"创造性转化、创新性发展"。

中华文化源远流长，积淀着中华民族最深沉的精神追求，是中华民族独特的精神标识，为中华民族生生不息、发展壮大提供了丰厚滋养。与古印度、古埃及、古巴比伦文明相较，中华文明至今仍然喷涌和焕发着蓬勃的生机。四川作为中华文明的重要发源地之一，历史文化源通流畅、悠久深厚。旧石器时代，巴蜀大地便有了巫山人和资阳人的活动，2021年公布的全国十大考古发现之一的稻城皮洛遗址，为研究早期人类迁徙提供了丰富材料。新石器时代，巴蜀创造了独特的灰陶文化、玉器文化和青铜文明。以宝墩文化为代表的古城遗址，昭示着城市文明的诞生；三星堆和金沙遗址，展示了古蜀文明的不同凡响；秦并巴蜀，开启了与中原文化的融通。汉文翁守蜀，兴学成都，蜀地人才济济，文风大盛。此后，四川具有影响力的文人学者，代不乏人。文学方面，汉司马相如、王褒、扬雄，唐陈子昂、李白、薛涛，宋苏洵、苏轼、苏辙，元虞集，明杨慎，清李调元、张问陶，现当代巴金、郭沫若等，堪称巨擘；史学方面，晋陈寿、常璩，宋范祖禹、张唐英、李焘、李心传等，名史俱传；蜀学传承，汉严遵，宋"三苏"、张栻、魏了翁，晚清民国刘沅、廖平、宋育仁等，统序不断，各领风骚。此外，经过一代代巴蜀人的筚路蓝缕、薪火相传，还创造了道教文化、三国文化、武术文化、川酒文化、川菜文化、川剧文化、蜀锦文化、藏羌彝民族文化等，都玄妙神奇、浩博精深。瑰丽多姿的巴蜀文化，是中华文化的重要组成部分，是四川人的根脉，是推动四川文化走向辉煌未来的重要基础。记得来路，不忘初心，我们要以"为往圣继绝学"的使命担当，担负起传承历史的使命和继往开来的重任，大力推动巴蜀文化的传承、接续与转化，让巴蜀文化的优秀基因代代相传。

"四川历史名人文化传承创新工程"是深入贯彻习近平新时代中国特色社会主义思想，践行"两个结合"，推动中华优秀传统文化创造性转化、创新性发展的生动实践。自2016年10月提出方案，2017年启动实施，推出首批十位四川历史名人，彰显了历史名人的当代价值，推动了中华优秀传统文化的传承发展。2020年6月,经多个领域权威专家学者的多次评议,又推出文翁、司马相如、陈寿、常璩、陈子昂、薛涛、格萨尔王、张栻、秦九韶、李调元等十位第二批四川历史名人。这十位名人,从汉代到清代,来自政治、文学、思想、教育、科学、史学等领域,和首批历史名人一样,他们是四川历史上名人巨匠的杰出代表,在各自领域造诣很高,贡献突出:文翁化蜀兴公学,千秋播德馨;相如雄才书大赋,《汉书》称"辞宗"。陈寿会通古今写三国,并迁双固创史体;张栻融合儒道办书院,超熹迈谦新理学。薛涛通音律、善辩慧、工诗赋,女中豪杰;格萨尔王征南北、开疆土、安民生,旷世英雄。陈子昂提倡兴寄风骨,横制颓波,天下质文翕然一变;李调元钟情乡邦文献,复兴蜀学,有清学术旗鼓重振。常璩失意不愤,潜心历史、地理、人物,撰《华阳国志》,成就中国方志鼻祖;秦九韶在官偷闲,精研天文、历律、算术,著《数书九章》,站上世界数学顶峰。

"四川历史名人丛书"的编纂出版,是深入贯彻落实中央《关于加强和改进出版工作的意见》和中办、国办《关于推进新时代古籍工作的意见》精神,推动四川出版高质量发展的重大举措,是传承巴蜀文明、建设文化强省、振兴四川出版的品牌工程。其目的是深入挖掘历史名人的思想精髓,凝练时代所需的精神价值,增强川人的历史记忆,延续中华文化的巴蜀脉络,推动中华文化的传承创新,为实现中华民族伟大复兴提供精神力量。

"四川历史名人丛书"的编纂出版,始终坚持正确的政治方向、出版导向、价值取向，深入挖掘名人的精神品质、道德风范，正面阐释名人著述的核心思想，借以增强川人的文化自信，激发川人了解家乡、热爱家乡、建设家乡的澎湃力量；始终坚守中华文化立场，着力传承中华文化的经典元素和优秀因子，促进人民在理想信念、价值理念、道德观念上团结一致；始终秉承辩证唯物主义和历史唯物主义观点，用客观、公正、多维的眼光去观察历史名人，还原全面、真实、立体的历史人物，塑造历史名人的优秀形象，展示四川文化的独特魅力，让历史名人文化为今天的社会发展提供精神动能。

"四川历史名人丛书"的编纂出版，注重在创新上下功夫，遵循出版规律，把握时代脉搏，用国际视野、百姓视角、现代意识、文化思维，将思想性、知识性、艺术性、可读性有机结合，找到与读者的共振点，打造有文化高度、历史厚度、现代热度的文化精品，经得起读者检验，经得起学者检验，经得起社会检验，经得起历史检验；注重在质量和水平上下功夫，立足原创、新创、精创，努力打造史实精准、思想精深、内容精彩、语言精妙、制作精美的文化精品，全面提升四川出版的知名度和美誉度，为建设文化强省、助推治蜀兴川再上新台阶提供思想引领、舆论推动、精神鼓励和文化支撑，为增强中华文化影响力贡献四川力量。

四川历史名人（第二批）丛书编委会
2022年4月5日

引言

两千多年前,商鞅变法之后,秦国奋而崛起。公元前221年,秦始皇灭六国、并天下,建立了君主专制的中央集权国家。谁知,仅仅十余年之后,秦王朝便在农民战争中土崩瓦解。楚汉相争,汉军由弱变强,垓下一战,刘邦夺得天下。历史纷繁复杂。秦、汉为什么能够统一中国,原因众说不一。但是,有一件历史事实不能忽视。那就是不论秦还是汉,在统一中国前便拥有了巴蜀地区。

巴蜀大地是怎样帮助秦、汉的统治者成就帝王之业的呢?

这是一段十分精彩的历史大戏,值得追述与分享。

据史籍记载,公元前4世纪,秦惠文王时,秦国凭借着变法得来的雄厚财力,不断对外扩张,胜魏败楚,取得了一系列的军事胜利。然而关东六国仍然以楚怀王为首,合纵拒秦。在这种形势下,秦国应该怎么办?

秦国大夫张仪认为,秦国与韩国毗邻,韩国弱小,因此应该先灭韩,然后消灭周王室,帝业指日可成。

另有人主张,擒贼先擒王,先攻打地域广大的楚国。

然而,大将司马错却说:"蜀有桀、纣之乱。其国富饶,得其布帛金银,足供军用;水通于楚,有巴之劲卒,浮大舶船以东向楚,楚地可得。得蜀则得楚,楚亡而天下并矣。"(《华阳国志·蜀志》)

原来,秦国南临富庶而有"劲卒"的蜀国和巴国。蜀王开明十二世封于葭萌(今四川广元)的弟弟苴侯,明知哥哥与巴王有仇,却偷偷跑去与巴国结交。蜀王生气,兴师问罪。苴侯抵挡不住，竟然逃往巴国。于是蜀王震怒，调集兵马准备讨伐巴王。巴国与秦国交好，危险将至，便向秦王求救，以为秦兵一动，便可解燃眉之急。不料，这竟成为秦国兼并天下的天赐良机。

于是，周慎王五年（前316年），秦惠文王派张仪、司马错等率领大军从石牛道伐蜀。蜀人不堪一击，蜀王在逃命途中为秦军所害。蜀国灭亡之后，秦军又迅速灭亡了引狼入室的巴国，占领了四川盆地的核心区域。

随即，秦惠文王在古蜀大地设立巴郡和蜀郡，派遣张若担任蜀郡守，兴建成都、郫、临邛等三座城垣，驻扎军队，建立管理机构，形成政治统治的中心区域；"移秦民万家实之"，作为统治蜀地的基本依靠力量。同时，从政治、经济、文化等方面全面改造古蜀地，在古蜀大地强制推行秦制，包括土地私有制、赋役、田租、户籍制、统一文字、车轨、货币、度量衡等；又积极将先进的手工业技术和冶炼技术带到蜀地，根据成都平原的气候特点规定除草整地、兴修水利的时限，以增强蜀郡经济实力。

经过数年苦心经营，周赧王七年（前308年），司马错率领巴蜀士卒十万之众，大船舶上万艘，装载大米六百万斛，沿岷江顺流而下进入长江，向东攻打楚国，夺取了楚国的商於之地，设为秦国的黔中郡。这次战役秦国获得胜利，很大程度上得益于地利。由此可见，秦国占据岷江航道之后，对楚国西部形成了巨大的军事压力。

但是，司马错率领的十万蜀兵，并未能深入楚国。究其原因，粮草不继可能是问题之一。训练士卒、征集军粮以及军需物资，主要在蜀郡中心成都进行；而造船和起运，全在岷江上游的汶山。两者陆路相距一百余里，装卸麻烦，耗费时日。因此，改造岷江航道，使之经过成都，便成为秦人的迫切需要。李冰为蜀郡守之后，当然要继续执行秦国的国家战略。因而开成都"二江"、改造岷江航道工程，就有了战备性质。《史记·河渠书》称，包括都江堰在内的一些河渠"皆可行舟，有余则用溉浸，百姓飨其利"。其中"有余"二字，便充分显示出修建都江堰最初的核心意图并不在灌溉。

然而，都江堰水利工程的实际效益却多在灌溉。都江堰开凿的"二江"运河，把水引到了成都附近之后，老百姓便纷纷挖渠把水导向田间。于是灌溉沟渠广布成网，土地不断被开垦为农田，良性循环形成，生产力大解放，成都平原中心地区农业生产迅速发展，成为沃野千里、水旱从人、时无荒年、不知饥馑的"天府之国"。由此，蜀地为秦国兼并关东诸国提供了充分的物质条件，秦国的实力大大增强。

秦灭蜀之后，大批秦官、秦人随秦军拥入蜀地，大量六国豪杰以及中原民众被秦强行迁徙至巴蜀地区，这就出现了蜀人与关中秦人、山东民众错落杂居的局面。不同的意识形态相互碰撞、渗透和融合，蜀地民风渐渐发生了明显而深刻的变化。例如，"勇于公战"的秦人与勇于私斗的山东侠士相继入蜀，便在蜀地形成一股强悍勇武的氛围，蜀人效法，顽强机敏的蜀地民风有所增强。另外，从商鞅变法起，在严厉的法治环境中，秦人养成了事事决于法令文句、少仁恩、言辞刻薄的文刻之风。司马错灭蜀以后，张若强力推行秦人的一整套法治政策，蜀人无力抵抗，为了生存，只好跟着秦人"务实"与文刻。文刻之风看似让人生厌，却在一定意义上有利于秦国建立稳定的后方；顽强机智的蜀民，则自然而然地成为秦国逐鹿中原所需的优秀的人力资源。

秦统治蜀地一百余年。公元前206年，在农民战争中秦朝灭亡。次年，刘邦被封为汉王，王汉中郡、蜀郡和巴郡。萧何对刘邦说："臣愿大王王汉中，养其民以致贤人，收用巴、蜀，还定三秦（关中地区），天下可图也。"（《汉书·萧何曹参传》）果然，刘邦到达汉中后，短短几个月时间内，一批又一批从巴蜀招募来的士卒翻山越岭赶到汉中，汉军迅速扩充，军力大大增强。刘邦与项羽争霸战争展开后，一支英勇善战的巴蜀部队活跃在战场上。这支部队是刘邦委托阆中人范目组建的。范目招募七姓賨人的子弟组成军队，为刘邦平定关中立下了汗马功劳。

楚汉战争持续五年之久，不仅巴蜀地区的精壮劳力源源不断地补充进入汉军之中，而且汉军粮食供给也主要依赖蜀郡和巴郡。几乎汉军打到哪里，巴蜀的粮食和物资就输送到哪里。《华阳国志·蜀志》载，丞相萧何"发蜀、汉米万船，南给助军粮"。又据《汉书》载，萧何通过转漕关中，把蜀米输送到前方。刘邦占领关中后，关中发生大饥荒，出现了人吃人的惨剧。刘邦下诏，令民"就食蜀、汉"（《汉书·食货志上》），把大量灾民送往巴、蜀和汉中，以解燃眉之急。

刘邦登上大汉王朝皇帝的宝座之后，随即下了一道诏令："令士卒从入蜀、汉、关中者皆复终身。"（《汉书·高帝纪下》）诏令的意思是：跟从刘邦到蜀郡、汉中郡、关中地区的士卒，全部终身免除赋税和徭役。刘邦明白巴、蜀、汉中对于刘氏王朝的重要性，从登基之日起，就把这三郡作为皇家自有之地，直接由朝廷掌控，不允许藩王插足。此后，在汉王朝历代君主眼里，巴、蜀、汉中三郡都是关系着刘氏天下兴衰的大汉皇室的根基之地。

从这一段波澜壮阔的历史可以看出，在秦、汉统一国家的战争中，巴蜀地区是他们可靠的后方基地，源源不断地提供了宝贵的人力、物力支援。大汉王朝建立之后，对蜀地的期望值仍然很高。

汉兴五十年之后，经过"与民休息，凡事简易，禁罔疏阔"，"天下晏然，民务稼穑，衣食滋殖"（《汉书·循吏传》），至文帝、景帝时候，移风易俗，建立一个疆域、文化、制度等高度统一的中央集权国家的"大一统"思想呼之欲出。同时，汉王朝与北方匈奴争夺生存空间的战争已成不可避免之势，蜀地仍然是战略大后方；对西南方少数民族的怀柔与平定，蜀地则处于第一线。毫无疑问，大汉朝廷希望蜀地能够在建立"大一统"国家的伟大事业中再立新功。

然而，此时的蜀地，虽然成都平原中心地区犹如"绿海"，肥沃而富庶，但是都江堰建成已逾百年，灌区却未能得到大面积拓展，农业发展实际处于停滞状态。而且蜀地

"俗好文刻"（《华阳国志》），"僻陋有蛮夷风"（《汉书·循吏传》），"非齐鲁诸儒风声教化之所被"（元·马端临《文献通考》），与中原地区的文化差距明显，仁爱、教化、诱进之责，任重而道远。蜀地此刻需要一位精明强悍而又仁爱、好教化的郡守，不仅要励精图治，发展经济，多产粮食，更要注重文教，培育人才，以备国家不时之需。

让人意外的是，在这样重要的时刻，蜀郡守出现了空缺。

谁能担当重任，临阵受命，出任蜀郡守呢？

汉室选择了文党。

历史记下了文翁。

文翁，名党，字仲翁，庐江舒县（今安徽庐江西南）人，正是本书所要为之立传的人物。

文翁画像

目录

第一章 少年好学 以贤察举 _ 001

雁门文氏 _ 003

定居鹊尾溪 _ 007

耕读与游学 _ 012

以郡县吏察举 _ 017

第二章 壮年守蜀 首开湔江 _ 023

逆水行舟 轻装入蜀 _ 025

赈灾抢险 情同手足 _ 030

筹谋治湔良策 _ 035

穿湔江 灌繁田 _ 040

第三章 富而教之 遣士诣京 _ 045

"以吏为师" 必须改革 _ 047

"大学之道，在明明德" _ 051

以儒学滋养化蜀精英 _ 056

遣京之十八隽士辨 _ 061

第四章　创办郡学　开宗立范 _ 067

　　石室讲堂　贵似丰碑 _ 069
　　俎豆礼殿　立德树人 _ 075
　　学究七经　蔚然新风 _ 080
　　文翁石室　官学新章 _ 083

第五章　鞠躬尽瘁　死而后已 _ 089

　　天下郡国皆立文学 _ 091
　　通西南夷　老当益壮 _ 095
　　汉代官学体系的建立 _ 100
　　老骥伏枥　泽遗后世 _ 105

第六章　锦里淹中　文翁之化 _ 109

　　俗好文雅　家诗户书 _ 111
　　汉征八士　蜀有四焉 _ 115
　　蜀学比于齐鲁 _ 120

第七章　石室仪刑　垂范后世
　　——文翁教育遗产之一 _ 125

　　文翁的教育理念 _ 127
　　历代治蜀者谨承文翁之教 _ 132
　　后续掌校者践行文翁之法 _ 137
　　继石室之流风于无穷 _ 142

第八章　殿礼周公　庙校合一
　　——文翁教育遗产之二 _ 147

　　汉时周公礼殿之兴废 _ 149
　　蜀学祭祀体系的形成 _ 153
　　礼殿画文精妙可观 _ 158
　　唐之礼殿　专祀孔子 _ 163
　　两宋礼殿　蜀学至宝 _ 167
　　成都府文庙庄严宏固 _ 171

第九章　文翁石室　扬辉千秋
——文翁教育遗产之三 _ 175

文翁石室与孟蜀石经 _ 177

郡国之学　最盛成都 _ 182

屡毁屡建　弦歌不绝 _ 187

锦江风雨读书灯 _ 191

成都府中学堂革故鼎新 _ 196

第十章　立祠祭祀　泽被后世 _ 201

彪炳史册　立祠永祀 _ 203

文翁石室纪念文翁 _ 208

附录　文翁生平年表 _ 213
与文翁及文翁石室相关之楹联集锦 _ 215

参考书目 _ 221

后　记 _ 225

少年好学　以贤察举

文翁生于忧患，长于风雨之中。少年时候耕读于鹊尾溪畔，备尝艰辛，却不坠青云之志，投斧挂树，被人称为励志力学的楷模之一。青年时代游学长安，精通《春秋》，得风气于先，是学有所成的儒家学者和朝气蓬勃的青年才俊。回到家乡之后，历经政治风雨，在汉初郡县制度改革的基层历练多年，终于经过两次察举，脱颖而出，成为汉王朝大后方、手握重权的蜀郡太守。

雁门文氏

当今文姓人口主要分布于四川、重庆、湖南、安徽、江西、广东、广西等省市区，形成了桂粤赣、川渝湘两块文姓聚集地区。

文姓的起源有十余种，主要源自姬姓、姚姓、敬姓、姜姓、妫姓。

文翁所在之文氏宗族的文姓源于姬姓，是以谥号命名的姓氏。

据《史记》记载，有一天，周成王与弟弟叔虞一起玩耍，成王把一张桐树叶削成圭的形状送给叔虞，对叔虞说："我将拿着玉圭封赐你。"摄政王周公旦听说这件事之后，请求选择一个吉日封叔虞为诸侯。周成王说："我和弟弟开玩笑呢！"周公旦说："天子无戏言。只要说了，史官就应如实记载下来，按礼节完成它，并奏乐章歌咏它。"于是周成王便把"唐"这个地方作为封地赐给了叔虞。唐在黄河、汾河的东边，方圆一百里。所以叔虞又被称为唐叔虞。唐后来更名为晋。这就是著名的"桐叶封弟"的故事。

唐叔虞姓姬，字子于，与周成王同是姬昌的孙子、姬发的儿子。姬昌死了之后，姬发继位，掌理国事，赠给父亲一个谥号叫"文"，后人便称姬昌为周文王。在姬昌（周文王）的八代孙即唐叔虞的六代孙中，有一个名叫姬祈的人，受封的采邑为雁门。

雁门在晋北，地域广大。雁门山是吕梁山脉北支云中山向晋东北延伸的部分，东与恒山相接，略呈东西走向，横亘于晋北大同盆地与晋中忻代盆地之间，海拔一千五百米以上，成为南北之间的屏障。而它又是断块山，峭拔险峻，难以攀越，这更增强了山北、山南的隔离性，以致山北地区在历史上长期为北方诸民族所占据。

雁门山绝顶置关，谓之雁门关。其东西两面山崖峭拔，中有古道相通，盘旋崎岖达六十余里。关道北通晋北重镇大同，远至蒙古高原；南接晋中重镇太原，并可转达中原腹地；为中原汉民族北上和草原游牧民族南下之咽喉要道，战时为军队戍守之关卡，平日即为商家营输之必经、行人往来之通衢。

姬祈到达雁门之后，决心在此战略要地创建一番事业，于是毅然改用先祖姬昌的谥号"文"为自己的姓氏，自称文祈，以此明志。自此，雁门文姓发端，文祈成为雁门文氏的得姓始祖。

据传，文祈的第十八代孙中，有一个人叫文种，是春秋末期越王勾践的谋臣。他总结商、周以来的征伐经验，提出了伐吴九术，与范蠡一起，为勾践最终打败吴王夫差立下赫赫功劳。灭吴后，范蠡隐退，并留下书信劝文种离开越王，称越王"可与共患难，不可共享乐"。文种以国家为念，不顾自身安危，留在越国为丞相。后勾践听信谗言，赐剑命文种自杀。周敬王四十一年（前472年），文种自刎而死。

文种死后，部分子女向北逃跑，先去齐地，后继续向北，有的回到雁门，开枝散叶。

战国时期，雁门在赵国的疆域之内，成为中原和北方游牧势力斗争的前沿。赵武灵王为加强边防，于周赧王八年（前307年）下令赵军"胡服骑射"，即令将军和士兵脱下汉人传统的宽袖长袍，改穿当时北方游牧民族的服装——窄袖短装，足穿皮靴，头戴羽冠，并且抛弃貌似强大的战车，像游牧民族一样骑马射箭。于是，赵军战斗力大增，在林胡、楼烦等地大败入侵的匈奴军队，设立了云中郡、雁门郡、代郡。之后，李牧奉命常驻雁门。为免除匈奴对赵国边民的袭扰，兵强马壮的赵兵大破匈奴十余万骑。其后十余年，匈奴不敢寇赵。

秦始皇统一六国之后，北方匈奴成为秦国最大的军事威胁，于是派遣大将蒙恬率兵三十万，从雁门出塞，"北击胡，悉收河南之地（即河套地区）"，把匈奴赶到阴山以北，并修筑了万里长城，以防匈奴南下。

降至汉代，亦设雁门郡，治善无（今山西右玉县南），雁门郡下辖善无、沃阳、中陵、阴馆、楼烦、武州、剧阳、崞、平城、马邑、疆阴等县。

汉高祖五年（前202年），刘邦以防御匈奴为名，迁韩王信的封地至太原郡。韩信与匈奴交战，败多胜少。刘邦致书责备。韩信担心被刘邦诛杀，以马邑之地请降匈奴。汉高祖七年（前200年）冬，刘邦亲率三十二万大军出征匈奴，镇压韩信叛乱。先于铜鞮（今山西沁县）首战告捷，再于晋阳、离石、楼烦一带，多次击败韩信、匈奴军队。在汉军节节胜利的有利形势之下，刘邦不听劝阻，轻敌冒进，率轻骑追至平城（今山西大同）白登山，陷入了匈奴冒顿单于用四十万大军设下的包围圈。从白登山上看下去，四面八方都有匈奴骑兵，西面是清一色的白马，东面是清一色青马，北面是清一色黑马，南面又是清一色的红马。匈奴骑兵企图冲散汉军，汉军拼死突围，几经激战，双方损失惨重。此时正值寒冬，天降大雪，汉军饥寒交迫，又与主力断了联系，形势危急。就在汉军被围困的第六天深夜，刘邦用陈平之计，重金贿赂冒顿的阏氏（皇后）。冒顿担心受到汉军两面夹击，于次日夜，在大雾之中打开了包围圈的一个角落。汉军箭上弦、刀出鞘，悄然逃出，脱险而去。

在这场战争中，雁北民众几乎全部参与其中。有的披坚执锐冲锋陷阵，有的救护伤员，有的运送粮草。其中，一位文姓中年人亦被征发为汉军服务。匈奴兵马退去之后，在族人的帮助下，这位文姓中年人被介绍到县城里的一个大户人家当了管事，其实就是让他教这家人的几个大大小小的孩子识字、读书和记账。于是，这位管事在县城北门外一座文姓人口占多数的村庄居住下来，并把十五岁的儿子改名为"必达"，期望儿子凡事坚持到底，不达目的绝不罢休。

转瞬便是八年，文必达成家了，高个子，红脸膛，俨然一个血气方刚的燕赵男儿。母亲病故，他怕父亲去城里时寂寞，从漠北买回一匹半大的白马。父亲心中满意，叫他给马儿取一个名字。他记得《诗经》有云："驹驹牡马，在坰之野。薄言驹者，有雅有驻，有驿有骐，以车伾伾。思无期，思马斯才。"其中的"雅"不就是"苍白杂毛"的马儿吗？于是这匹马便被叫作了"雅风"。

据传，大约是汉高后元年（前187年），文必达一家"双喜临门"。年初，文必达的第二个儿子出生，这是第一喜。秋天，粮食丰收了，黍谷高粱，多收了一二石，这是第二喜。这时候老先生教孩子的地方，早已成为文氏家学。农忙时停了学馆，老先生在家里帮忙。

此时庄稼已经收回场屋，老父亲牵着高大的骓风向学馆走去，心中十分舒坦。

谁也没有料到的是，就在那一天正午，北方烟尘大起。

"匈奴人来啦！"

"匈奴人抢粮食来啦！"

还没有等大伙儿把粮食藏起来，匈奴骑兵已经行至目力可及之处。文必达只好带着妻儿远远地躲避到山冈之后。匈奴人袭扰，多年来本是常有的事儿，但这一次来的人特别多，又是骑兵又是步兵，还带着大车。午后，城破，城内四五处冒起滚滚浓烟。

两天两夜之后，匈奴骑兵退去。文必达带着妻儿回到家里，可哪里还有家啊。粮食几乎被抢光，眼看就要来临的严冬怎么过！接着有消息传来，文老先生在城里出了事。文必达赶到学馆，工役说老先生正在讲书，骓风长嘶不已。他急忙散学，把弟子们一起轰走。弟子们走远了，老人正欲上马，匈奴骑兵扑过来，一刀把老先生砍于马下，骓风也被强行虏掠而去。

文必达把父亲葬于山冈之上。一家人长跪在墓前。妻子右手抱着小儿子，左手牵着大儿子，哭泣不止。文必达目眦欲裂，脸上血迹斑斑，却没有一滴泪，没有一句话。许久之后，文必达站起来了，他提起一根棍子，欲北去为父报仇。但是，儿子的叫声令他不能不站住，眼泪便不由自主地从眼眶里涌流出来。

定居鹊尾溪

雁门没有办法待下去了。残存的那一点粮食吃不到明年春天，残垣断壁挡不住塞北凛冽的寒风和漫天的大雪。怎么办？文家庄的人越来越少，人们扶老携幼，逃难到关内去了。

文必达一家是最后出走的。走之前，他和妻子把仅存的粮食、钱财和衣物收拾好，来到父亲的墓前，给两个儿子取了大名：大儿子叫"文乡"，小儿子叫"文党"。文必达熟读《论语》。《论语》中有一章名叫"乡党"。"乡党"有家乡的意思。《论语·乡党》曰："孔子于乡党，恂恂如也，似不能言者。"这句话的意思是，孔子在家乡的时候，对乡亲非常恭顺，好像不太会说话一样，一点都不夸夸其谈。文必达为两个儿子取名"乡""党"，明明白白表露出他对雁门老家有着深厚的感情，对未知的前途又有着殷切的期盼。

晓行夜宿，在大河封冻之前渡过了黄河，在大雪降临之前渡过了淮水；盘缠将尽，文必达一家在庐江舒县停了下来。他希望找一个能落脚的地方。好心人告诉他，舒城城南数十里就是山区，地广人稀，有土地可以开垦。于是，文必达用两个破烂的箩筐一头挑着一个孩子，让妻子背了包袱，来到了舒城西南的鹊尾溪畔（今安徽省舒城县春秋乡文家冲）。

舒县建于汉高祖四年（前203年），别称龙舒，地处巢湖以西，合肥西南，四季分明，雨水充沛。流经舒县的龙舒水（今杭埠河），有一条溪流贯穿文家冲，形如鹊尾，故名鹊尾溪。鹊尾溪水量颇丰，溪边多有水田。村民以种植水稻、油菜、茶叶、板栗为生，也栽种有少量桃树、李树、杏树。村后便是大别山余脉华盖山以及春秋山。两山层峦叠嶂，高约四百米。山上古木森然，泉水淙淙。每到秋高气爽季节，登临远眺，近可看龙舒水蟠回脚下，蜿蜒东去；远可观平原如砥，涌金烁翠，百里巢湖烟波浩渺，如诗如画。

　　文必达来到鹊尾溪之时，心思自然不在山水之间。他做的第一件事是插草为标，圈占了一大块土地。然后，他匆匆忙忙在鹊尾溪畔，用竹木茅草搭起一个人字窝棚，挡住了江淮的第一场冬雪。安顿下来之后便四处打工，或替人算账、写书信；妻子除了带孩子、操持家务，有时还要到树林里捡拾野果。好不容易熬过了这个冬天，接着便是夜以继日地开荒和耕种。

　　西汉初年农民的生活相当困苦。他们春天耕种，不能躲避风尘；夏天除草，不能避开暑热；秋天收获，不能避免阴雨；冬天储藏，不能免于寒冻。除此之外，还要砍伐薪柴，修理官府的房屋，一年四季没有时间休息。那么，辛苦一年，能有多少收获呢？

　　据《汉书·食货志》记载，西汉初年，一个五口之家的农户，服劳役的不少于两人，能耕种的土地不超过百亩，百亩土地的收成不足百石。家中抚养孤老，养育孩子，探问病人，吊唁死者，饲鸡喂鸭，一切费用都要从农业收入中开支。有时还要遭受水旱灾害、残暴的政治和严苛的赋税。官府更是随意摊派，早晨发布命令，晚上就要收纳。有粮食的农户，只好半价贱卖之后完税；没有粮食的，就要以加倍的利息借债纳税。于是就出现了卖田宅、卖子孙来偿还债务的情况。

　　文必达一家定居文家冲最初几年的情况，可能比上述的五口之家好不了多少。首先，因为文家仅有四口人，劳动力弱，最多只能算一个半劳动力：文必达勉强算一个；他的妻子体弱，又必须承担繁重的家务，不可能有更多的时间到田间劳作；两个儿子幼小，割草捡柴勉强可以，其他暂时指望不上。其次，没有家底。千里南迁，不得已而为之，温饱尚且困难，还能有多少财力购置农具、种子等生产物资。最后，耕地较少。文家刚刚定居此地，要种地只有开荒。开荒费时费力，以文必达的能力，两三年内要开出一百亩土地似乎不大可能。何况新开垦的土地，相比熟地，一般产量较少。

然而，文家较一般农户有一个优势，就是文必达有文化，可以教人识字断句，书写记账。但是，地广人稀，又初来乍到，学识水平未被乡人认可，这一优势暂时只能算文家的发展潜力。即使文必达定居后立即设馆授业，收入可能有，但不可能太多。

因此，文家定居鹊尾溪的头两年，几乎是白手起家，虽然不至于像本地农民有朝不保夕之虞，但仍然处于节衣缩食、艰辛备尝的状态。他们伐木为柱，竹席黄泥为之壁，枯枝茅草为之顶，在鹊尾溪边，盖起一间茅屋代替人字窝棚遮风避雨。他们衣敝履空，起早贪黑，披荆斩棘，一寸一寸地开垦荒地，常常父亲扶犁、母亲带着两个儿子在前边拉着犁头，用血汗换得秋后的一点收成。他们吃着粗陋的食物，如果遇上荒年，还得采摘山上的野生板栗来充饥。

可喜的是，两个儿子渐渐长大。十年之后，十四五岁的文乡，个子已有父亲高，力气稍逊，但农活儿样样都可以学着干了。文党则特别聪明，爱动脑筋，眼里有活儿。母亲要从锅里舀汤了，他总会适时地递上木汤瓢；锅里的米饭快熟了，他一定会提前在锅台上放上四个洗得干干净净的饭碗。

文党少年时候的故事，流传至今的少之又少，但有两个故事一直流传到今天。其中之一是，文家冲的小孩子们喜欢和文党一起玩耍，他的主意多，玩法多。传说有一次，文党带着一群小伙伴在石板路上游戏，用泥巴"筑城"，筑了小城又筑大城，城楼、城门样样齐全，还带着大家一会儿小心翼翼地穿城而出，一会儿绕着城墙转圈圈，玩得不亦乐乎。不料这时候走来一位老人，他用拐棍指着地上说："城墙、城楼挡行人的路，快，全部拆掉。"小伙伴们害怕，没有一个敢吱声。文党却天真而又从容地说："老爷爷，你懂得的，只有人绕城，哪有城让人呀！"仿佛老人也是来参加他们的游戏一样。老人听了呵呵一笑，慢慢绕城而去。

另一个故事是，有一年春天，文必达带着两个儿子在西边的望夫冈下开辟一片水田，挖土，犁地，第一天干下来便累得腰酸背痛。第二天，文必达和大儿子早早地出工了，却一整天都没有看见文党的踪影。吃过晚饭文党才回家，一身泥和水，不知跑到哪儿玩去了。文党十一二岁，父母心疼他，没有追究。谁知连续三天都是如此。难道他怕苦、贪玩？

第四天上午，父亲发现小儿子一个人在水田上方不远处，汗流浃背，气喘吁吁，用薪柴和泥土垒了一条长长的土埂，把小山窝拦成了水塘的模样。显然，文党已经发现，新开的水田地势比鹊尾溪高，距离鹊尾溪又比较远，需要有水塘来灌溉那一片水田。令人惊奇的是，真的有一汪清泉蓄积在山窝的底部。父亲问：

"这些都是你干的？"

"不是、不是。嘻嘻，是野猪干的。"

"胡说。"

"真的，我只干了个开头。昨天夜里我做了一个梦，梦见有百十头野猪跑到这个山窝窝里来了，有的用嘴拱，有的用蹄刨。今天早上跑来一看，水塘就修成这个样子啦！"

"调皮！"

文必达口里责备着，心里却有一种别样的欣慰。这个儿子不仅吃苦耐劳，而且总能做出一些出人意料的事情。文党可能是个人才呀，这一定是文氏祖宗的恩赐！于是，文必达把文乡叫上来，三人合力，把文党修筑的小土埂加厚加高，成为一道坚固的堤坝。这水塘的水还真是特别地滋养禾苗，文家新开水田里的秧苗当年就长得非常好。

这件事引起了全村的注意。其实这片土地早就有人想要耕种，只是因为找不到办法解决灌溉问题才望而却步，迟迟没有人动手。文必达带着儿子在望夫冈下动手作田的时候，想的是从鹊尾溪上游引水灌田，虽然要绕着望夫冈开凿一条长长的弯弯曲曲的水渠，费事而且成本高，但这是没有办法的事儿，因为他家附近只有这一片可以开垦的土地了。

谁知，这个令全村大人们束手无良策的问题，竟被一个十一二岁的孩子轻轻松松解决了。文党在文家冲出了名。这个故事竟越传越神奇。现在可知的最早记述这个故事的人是王隐。王隐，字处叔，东晋史学家，陈郡陈县（今河南淮阳）人，著有《蜀记》一书。《蜀记》称：

文翁在蜀日，常言：少力田，方聚柴为陂，未就，夜有百十野猪，鼻载土著柴中，比晓塘成，稻常倍收。

至南朝宋时,有一本佚名小说《录异传》,也记录了"文翁作田"的故事,但不再说是出自文翁之口,并加强了"神异"的程度,"百十野猪"变成了"数百头野猪":

> 文翁者,庐江人,为儿童时,乃有神异。及长,当起历下陂以作田,文翁昼日所伐柴薪,以为陂塘。其夜,忽有数百头野猪,以鼻载土著柴中,比晓成塘。

这一则荒诞不经的故事,竟然颇受青睐。大约一百年之后,殷芸奉梁武帝之命,将编撰正史不取的街谈巷语、道听途说录为一帙,名之曰《小说》,便将这则"文翁作田"的故事选录在书里。到了清嘉庆年间,为重修《四川通志》辑录典故资料,张澍编录《蜀典》时,这则故事又一次被选辑在其中。

为什么会如此?也许是因为,文翁幼时"聚柴为陂"之事本身,可能并非虚构。

耕读与游学

文党出生在汉高后元年（前187年）前后，这一时期，中华大地上正在发生着由"乱"而"治"的历史转折。

这里所谓的"乱"，是指秦王朝实行文化专制政策。秦朝在焚书坑儒、严禁私学的同时，于公元前213年实行"挟书律"，"敢有挟书者族"，即谁敢收藏违禁书籍，谁就要被处以灭族的酷刑。

西汉初年，汉承秦制，"挟书律"继续施行。

陆贾以一部《新语》说服汉高祖刘邦注重文治，事情才开始松动。高祖九年（前198年），刘邦任命儒生叔孙通为太子傅；高祖十二年（前195年），刘邦以大牢祭祀孔子，成为第一个祭祀孔子的中国皇帝。

公元前194年，惠帝即位。三年之后（前191年），惠帝终于诏令废除秦代遗留下来的"挟书律"，取消对私家藏书的禁令。民间千方百计隐藏了二十多年之久的诸子百家书籍得以重见天日。正如《隋书·经籍志》所说："惠帝除挟书之律，儒者始以其业行于民间。"

公元前179年，文帝立。文帝"恭俭"，凡事从简，放宽法度，让民众得以休养生息。于是天下太平，农民专心从事农业生产，国家一片丰衣足食的景象。文帝又注意文化教育，设立了经博士，包括《书》博士和《诗》博士等。文化教育兴旺起来。

文党正是在这样的政治环境中进入少年时代的，学习的社会环境良好，家庭的生活条件也比过去好了许多。

文必达一家经过十余年辛苦劳作，发生了三个大的变化。第一，两个儿子进入青少年时期后，一家四口拥有了三个左右的劳动力，农耕与副业皆游刃有余。第二，开垦的土地已逾百亩，精耕细作，灌溉施肥，渐为良田，粮食产量一年比一年多。第三，随着文冲村人口增加，文必达的塾馆应运而生，而且颇受弟子及其父母欢迎，束脩成为家庭收入的重要组成部分。文必达一家的茅屋变成了瓦房，石基砖墙，全木窗棂，院内有井，井水清澈。宅院背靠绿树翠竹，北连鹊尾清溪。溪上有桥，西接望夫冈。冈下阡陌纵横，良田在望；冈上植满桐树，郁郁葱葱。正如《太平寰宇记》所记："文翁宅在县东一百五十里，其址具存，东带鄱阳，北连溪水，西接望夫冈，有井清澄，陇前栽桐树。"

文家的房屋为一堂二内，堂屋比较宽敞，高朗明亮，是文必达设馆授业的地方。堂屋右侧窗下，铺着一张长长的草席，文党和他的哥哥每天都会在这儿连席而坐，捧着简册专心读书。席上放着一个竹丝编成的长方形小筐，筐中有笔、书刀等文具。或者白天劳作，晚间读书；或者农忙时耕种收割，农闲时整日诵读。

开始的时候是识字断句，后来便是读《论语》和《诗经》。没有书，父亲凭记忆口口相授。记不全了，只好四处叩借。既然是借来的书，就有时间限制，必须熬更守夜、熟读成诵不说，文必达还带着两个儿子，从屋后砍来毛竹，制成二指宽、一尺有余的竹片，在上面抄写"子曰：学而时习之，不亦说乎"等，然后用麻绳将竹片按次序连缀起来，成为一卷。看着书案上简册一卷一卷增加，父子三人很高兴，他们很快便拥有了一部完整的《论语》。

不过，文必达并没有就此罢休。他发现文乡竹简做得快，文党竹简编缀得好，就让他们在课余、农闲时尽可能多地做竹简，并且叫他们在这些竹简上一遍又一遍地抄写《论语》或者《诗经》。文乡有些坐不住。他觉得已经有书简读了，何必抄那么多，田地里还有多少农活儿要人去干呢。文党却一边抄一边读，兴趣盎然。他觉得，一回生二回熟，多抄一遍比多读一遍领悟的要多。文必达为什么要这样做呢？他期望"一石二鸟"：一方面磨炼儿子的性情，一方面可以把两个儿子多抄出来的竹简，分送给初来上学、没有书简的弟子们。这一招很得乡亲们称赞，文氏塾馆越办越红火。

文党十岁之后便喜欢独处。文冲西南有一个名叫象鼻地的地方，溪流宽阔，悠然而清澈；翠竹四合，窈然而深秀；飞鸟啾鸣，草木馨香，地上有石可坐。于是文党常常带了竹简到此阅读。仿佛确有灵气一般，只要步入此地，少年文党便心若止水，灵通天地，才思敏捷，过目成诵。

读过《论语》和《诗经》，便是读《春秋》。文必达告诉儿子们，《春秋》是周朝时鲁国的史书，相传是孔子依据鲁史旧文修订而成，从鲁隐公元年（前722年）记述到鲁哀公十四年（前481年），共历十二代国君。《春秋》遣词造句极其简练，却暗含褒贬之意。比如，第一卷之"郑伯克段于鄢"六字，"郑伯"即郑庄公，共叔段的大哥，与"段"（共叔段）是兄弟关系；但"克"字却是诸侯与诸侯之间战争时的用语，用"克"来表述兄弟之争明显不得体。但这种不得体，正是《春秋》作者对郑庄公的批评，批评他故意放任弟弟，没有尽到兄长的教化之责。同样，不称共叔段为"弟"，也含有贬斥共叔段不遵守做弟弟的本分、不敬爱兄长的意思。

由于《春秋》记述简略，于是为之补充、注解和阐释之作便相继出现。最早是左丘明的《春秋左氏传》，侧重历史细节的补充。西汉初年出现了公羊高的《春秋公羊传》和谷梁赤的《春秋谷梁传》，侧重阐发《春秋》中的微言大义。

传说，左丘明著《春秋左氏传》的地方就是舒城之春秋山。春秋山离文家不算远，为什么不去看看呢？于是，一个春日，发思古之幽情，文必达带着两个儿子去登春秋山了。

山径曲折，山腰有几个石礅，似乎是前人留下来的房屋柱基。然而，在山上转了大半天，并没有看见一处确凿的左丘明的遗迹。文党有些失望，问父亲这是为什么。文必达说有两种可能。左丘明和孔夫子是同一时代的人，过去几百年了，左丘明在此著书的痕迹被时间完全抹掉了，这是一种。还有一种可能，那就是左丘明传《春秋》的时候已经双目失明，在山上不仅生活极为不便，而且又不能把著书所需的大量资料搬运到山上来，因而他其实并没有到这儿来传过《春秋》。

文党更不明白了，既然可能只是一个传说，为什么还要到此一游呢？父亲笑道，不到山上来，你怎么知道这只是一个传说。做什么事情都不能只凭道听途说，只有亲历亲为、实地考察，才能了解真实情况，不说错话，不办错事。"

文党顿悟，感到春秋山之行收获其实也不小，于是和哥哥一前一后登上了山顶。山顶上大树成荫，几块青石排列树下，似乎是石桌。文必达坐在石桌旁歇息，文乡和文党仰望着蓝天，眺望着远处连绵起伏的山峦，豪情激越，一人一句地呼喊着，全是《春秋》中的名句：

"盖之如天，容之如地。"

"言之无文，行而不远。"

"虽鞭之长，不及马腹。"

"一鼓作气，再而衰，三而竭。"

显然，文党不满足于在家乡所能学到的知识了。

汉文帝九年（前171年），文党十六岁。他身高体壮，敢说敢干，继承了燕赵男儿的阳刚之气，眉宇之间还有一股江淮儿郎特有的灵气，机敏文静。

文党觉得自己已经长大，便自己做主以"仲翁"为字，憧憬着游学远方。

有一次，文翁和伙伴们一起到山林中伐木，休息时他对同伴说："我很想到外地去求学。去还是不去？今天我自己做一个决定，大家来做见证。现在我把斧头投向树上，如果应该去，斧头就会高高地挂在上面，不会掉下来。"于是文翁用力把斧头向树上投去，结果，斧头挂到了树上。果然，大约在汉文帝十四年，也就是文翁二十一岁的时候，文翁便动身远赴长安，跟从博士学习儒家经典。

这一则故事见之于东汉时期的《庐江七贤传》，后来，唐之《北堂书钞》、宋之《太平御览》、清之《汉书补注》均有引录。投斧挂树，也许是个偶然，有运气的成分。然而，文翁青年时代一边劳动，一边读书，虽身事探樵，亦不坠青云之志。所以文翁投斧挂树也算是一个"必然"吧。后来，文人学士多以此为美谈。北齐颜之推《颜氏家训·勉学》称："古人勤学，有握锥投斧，照雪聚萤，锄则带经，牧则编简，亦为勤笃。"这即是说，文翁与苏秦、孙康、车武子、倪宽、温舒等五个勤学的典型人物一样，成为中国古代青少年励志笃行、刻苦力学的楷模；"投斧挂树"与"引锥刺股""照雪聚萤"一样，成为人们熟知的典故。

在长安，文翁跟从博士学习《诗经》《尚书》《仪礼》《易经》《春秋》等儒家经典达数年之久，日复一日勤奋学习，年复一年深入钻研。教文翁的先生据说为太子讲授过《春秋》，而文翁对《春秋》也非常感兴趣。先生教导文翁，《春秋》是一部经书，是一部政治学著作。表面上看，《春秋》是在记述历史，实际上是在讲述政治道德与伦理，其中蕴含着深刻的政治思想理念。

孔子为什么要根据鲁国历史修订而成《春秋》呢？在周道衰废之时，孔子周游列国无功而返，自知言之不用，道之不行，只有退而著述，批评天子、斥责诸侯、讨伐大夫，彰显王道以为天下仪表，同时以此来伸展自己的抱负。这就是所谓的"述而不作"。怎么述呢？与其空言，不如阐释这二百四十余年的历史是非，在讲述历史中表述自己的主张，这样可能来得更鲜明和深切一些。所以，学习经孔子修订而成的《春秋》，可以别嫌疑，明是非，定犹豫，知进退，识兴替。先生告诫文翁，读《春秋》必须与实际相契合，不能读死书。

以郡县吏察举

有一天,先生讲完书,把书案上的四个简策推了推,让文翁抱下去读。

文翁回到住处,展开第一个简策,是一篇政论文,题目叫《言兵事疏》,主张主动向匈奴出击。文翁一下子便被吸引住了,有一种与作者同仇敌忾的感觉。接着读另外两策,即《守边劝农疏》和《募民实塞疏》。这两策提出了积极防御的策略,主张徙民实边、寓兵于农。三篇文章读过,文翁热泪盈眶。当年在雁门关外,文家也曾是实边之民。可是眨眼之间,老家便被匈奴骑兵烧成灰烬,全家不得不向关内逃亡。忆及过去的悲惨情景,文翁愤恨得咬牙切齿。三篇政论里的每一句话都说到了文翁心坎里。

接着,文翁迫不及待地打开了第四个简策,也是政论散文,其中有《论贵粟疏》。显然,作者继承了贾谊的重农思想,主张重农抑商。文中建议:务农桑,薄赋敛,广蓄积;号令有时,利民欲。该建议要求统治者的政治活动不要影响农时,并满足人民的需要,给老百姓以看得见的物质利益。这样的观点引起了文翁的共鸣。幼年的艰难困苦和辛勤劳作,怎么能够忘记?在一个荒年,相邻的一户人家,不得不卖掉幼女的撕肝裂胆的哭声,至今还在文翁耳边回响。他还记得,秋收后,寒风中,村里的爷爷奶奶们在田地里一寸一寸地寻觅收割时遗落的谷粒,在他们眼里,一粒谷便是一粒黄金。

这四卷政论的作者是谁?是晁错。先生告诉文翁,晁错少年时师从学者张恢学习法家思想。后来朝廷征召研究《尚书》之人，晁错受太常派遣，奉命去济南跟随博士伏生学习《尚书》，接受儒家思想。学成归来之后，即被任命为太子舍人。

汉文帝十五年（前165年），即文翁二十二岁那一年，文帝刘恒令大臣们举贤良能直言极谏之士。这是一件十分重要的事情。中国古代，为了满足国家对人才的需要，非常重视官吏选拔制度的建设。夏、商、西周实行"世卿世禄制"。到春秋战国时代，出现了"军功爵制"，兴起了"养士"之风，招揽各种各样的人才为国君、诸侯服务。到秦代则以"辟田"和军功作为选官的依据。

汉代选拔官吏的主要方法是"察举"。"察举"主要由地方长官在辖区内随时考察、选取人才并推荐给上级或中央，经过试用、考核再任命官职。"选"的对象为没有官职的读书人，"拔"的对象是下级官吏。察举的科目、选才标准和考试办法，均由皇帝确定。一般科目都以"德行"为先，在学问上则以"儒学"为主。但是，在汉文帝的时候，"察举"办法尚不完善，尚未形成完备的制度。

这一次，汉文帝不仅要举贤良能直言极谏之士，而且亲自出题考核，就"明于国家大体"等问题，提出征询（即策问），有让"察举"制度化的意思。这令当时的读书人非常振奋。结果，参与对策的有百余人之多。晁错的回答《举贤良对策》深得文帝嘉许，于是晁错由太子家令晋升为中大夫。

晁错在《举贤良对策》中提出了什么主张呢？他认为要修明政治、解决治国之要理问题，关键在于要有一条法治路线。《举贤良对策》有力地肯定了法治在我国历史上的作用，批判了那种貌似"仁义"的反面观点，热情歌颂秦始皇在统一中国、建立我国第一个中央集权制国家上的功绩，为大汉建成中央集权制、大一统国家而大声疾呼。文翁读着读着便热血沸腾了。自然，不只是文翁，在京师的读书人几乎全都激动不已，为晁错的"对策"，更为文帝完善察举制度。这种制度为读书人铺设了一条看似金光灿灿的上升之路。

文翁把晁错看作自己的榜样。文翁以为，勇于担当，积极参与政治，便是《春秋》提倡的精神。《春秋左氏传》中曹刿论战中那一句"肉食者鄙"，以及顶天立地的那一问"何以战"，便是《春秋》精神的代表。这种精神在晁错身上似乎也有。文翁佩服晁错学富五车，敢说敢为，善于契合时代潮流立论，深识幽显，切中要害，而且内容宏大，意境壮阔。他倾倒于晁错毫不掩饰建功立业的出发点，而落脚点却又往往是国家的长治久安，字里行间每每透露出对大汉气象的热情赞颂。

然而，文翁并没有像晁错那样先学习法家思想，而是直接学习儒术。文翁生逢治世。汉文帝以黄老之学的无为思想为国策，使汉朝国力迅速增强，百姓生活富余，社会稳定。不过，从晁错对中央集权制、大一统国家的呼吁便可以预知，历史不会满足于此，中国社会已经走上了政治、文化一体化的道路，更大的变革必将到来，儒学将大有用武之地。

在长安，文翁得风气之先，取得了引人注目的好成绩："通《春秋》"（《汉书·循吏传》）。这是对文翁的高度评价。因为，这里的这个"通"字，不只是"通读"而已，应该是"精通"，有"融会贯通"与"触类旁通"的意思。也就是说，文翁把多方面的知识和道理融合贯穿起来，从而对《春秋》有了全面而透彻的领悟。

从长安游学回到家乡之后，文翁已是学有所成的儒家学者和令人瞩目的青年才俊。由于在儒家仁爱、教化的文化内涵中饱受濡染，文翁的人生价值观和行为受到了巨大的影响，他待人接物温文尔雅，循循善诱，以理服人。这样的"德行"，这样的儒学修养，特别符合察举的选才标准。文翁也懂得先生要求他契合实际学习《春秋》的意思，即既要理论与实际相契合，又要走出书斋，到社会变革的实践中去磨炼自己，建功立业。"周道衰废"的时代已经过去，现在是大汉兴盛的年代，可以大有作为。不难想象，文翁回乡之后便主动积极地融入社会之中，没有多久便被察举，踏上了仕途。

《汉书·循吏传》曰：文翁"以郡县吏察举"。这句话告诉我们，文翁和晁错一样，曾经经历过两次选拔。因为在"以郡县吏察举"为郡守之前，文翁应该还有以没有官职的读书人的身份被察举而为"郡县吏"的经历。

在第一次被察举成为一名小官吏之后，在近十年的时间里，文翁在江淮各郡县担任过一些不同的职务。他应该做过郡守的"录事掾史"，起草文告，撰写奏章草稿。他应该做过"学经师"，为乡民讲解《孝经》和《仪礼》。说不定他还充当过"文吏"，为老百姓解释律令，排解纠纷。他甚至可能做过"水曹"的官员，管理水利事务，为防水灾，可能曾经在如注的暴雨中，赶到距离舒城四十里的"七门堰"，为郡守传递关闭"水门"的命令。

汉景帝二年（前155年），晁错向景帝刘启上《削藩策》，再次陈述诸侯的罪过，请求削减封地，收回旁郡，提出"今削之亦反，不削亦反。削之，其反亟，祸小；不削之，其反迟，祸大"。第二年，即公元前154年，景帝诏令，削夺赵王、楚王、吴王的封地。诸侯大哗，强烈反对。十多天之后，吴、楚等七国以"诛晁错、清君侧"为名联兵反叛。晁错建议御驾亲征。不料，景帝却听信袁盎之策，腰斩晁错于东市。

这一年文翁三十有余，"七王叛乱"让他尴尬，晁错被杀令他震惊。明明晁错公而忘私，国而忘家，对朝廷忠心耿耿，《削藩策》也对巩固中央集权十分有利，却招来杀身之祸，太让人惋惜和悲哀。不过，文翁已经不是二十岁的愤青，冷静下来细细一想，其实晁错死得并不冤枉。他成为景帝的身边人之后骄傲了，而且是恃宠而骄。从古至今，恃宠而骄者都没有好下场。而且晁错做事急躁冒进，不讲策略，将皇上置于危险之中，让国家处于动乱境地。尤其是吴王等起兵叛乱后，从晁错建议御驾亲征开始，他在景帝心中的地位已经下降，离死不远了。

文翁尴尬的是，自己和晁错一样，自称公而忘私、国而忘家，现如今却在叛王麾下，苟且偷生，偏离了自己的政治理想，还有什么希望见君主，还有什么脸面见父母，还有什么资格见老师！文翁做了两件事情：一是修书一封，向恩师汇报和请教；二是学习鲁国大夫臧僖伯。当年，鲁隐公不守礼法、不务国事，要去离国都很远的地方观看捕鱼，臧僖伯以为君之道劝谏无果，便推说生病，没有随行。文翁效仿他，称病回到了家乡，每日躬耕于垄亩之间。

三个月之后，"七王之乱"平定。

就这样，文翁踏进郡县制度基层长达十年之久，站在那一时代浪潮的前沿，不断从《春秋》以及其他儒家经典中汲取政治智慧，经受了政治斗争的考验，切身感受到了郡县制度的内涵和运行规律，积累了一定的政治经验，从而具备了治理一方的才能。

第二次察举不期而至。文翁以下级官员的身份再次被察举，约于汉景帝四年，即公元前153年，被派遣到蜀郡，担任蜀郡太守。文翁为什么能够得到晋升？也许是在乡村教化上成绩显著，也许是在滔天洪水面前勇往直前，也许是在"七王之乱"中立场坚定，具体不得而知。但是，可以肯定，这与文翁在基层岗位上的出众表现有关。

两汉时期的蜀郡，虽仍是四面大山，交通不便，文化落后，但土地肥沃，气候宜人，物产丰富，号为天府。从高祖刘邦开始，汉朝历代君主都明白，蜀郡关系着刘氏天下的兴衰，必须直接由朝廷掌控。也许是秦国在蜀地一百多年的铁血统治，给大汉新政留下了诸多阻力和障碍吧，汉初的前几任蜀郡守，都未能打开局面，无所作为。这引起了朝廷的关注。因此，这一次派遣文翁接任蜀守一职，其中的一个重要原因很有可能是出于大汉朝廷为巩固大后方而做出的慎重挑选，是为推行新政而实施的重要人事布局的一个组成部分。

第二章

壮年守蜀　首开湔江

所谓"天府之国",是指自然条件优越、土地肥沃、物产丰富的地方。战国时,以秦都咸阳为中心的关中平原,金城汤池,富甲一方,被称之为"天府"。秦灭巴蜀之后,李冰修筑都江堰水利工程,成都平原中心地区沃野千里,水旱从人,时无荒年,不知饥馑,谓之"天府"。至西汉孝景帝时,文翁入蜀,穿湔江口,灌溉繁田一千七百顷,大规模扩大了都江堰灌溉区,成都平原的粮食产量和富庶程度逐渐超过关中平原。于是,后人所称之"天府之国",皆专指成都所在的四川盆地。

逆水行舟　轻装入蜀

自古蜀道难，难于上青天。西汉时从舒城到成都，一般走水路，溯长江而上，经三峡到宜宾，然后入岷江直至成都。这一路蜿蜒数千里，若一帆风顺也许会稍稍快一点，通常耗时会在两个月左右。慢一点，文翁不在乎。从小到大，没有想到自己有一天会去蜀地为官，因此文翁对蜀郡地情、民风谈不上有足够的了解。但他在长安游学时便知道，蜀郡之于汉王朝，有如岐山之于周王朝。如今去蜀郡做父母官，其任务便是为朝廷巩固战略大后方，不容有失，否则百罪莫赎。责任大如山啊！文翁不敢懈怠，四处搜集有关巴、蜀的文献、典籍、传说、轶文，装了满满两大木箱，期望在旅途中对巴、蜀地区做一个基本的了解。

这时的文翁，三十四岁左右，身躯伟岸，步履矫健，眼神中除了仁爱，还有不经意间流露出来的犀利。他早已成家，夫人经氏，育有一子名士宏。初到蜀郡，必有一番辛苦，可能无法照顾家庭，文翁决定只身前往。不料父亲和妻子苦苦相劝，最后在父亲的弟子中选了一个文姓小子充作书童，相伴入蜀。妻子含着泪，收拾好四时衣裳及日常用品，然后才挥手放行，任由文翁随船扬帆西去。

金秋时节，阳光和煦，风平浪静，行至楚江之上，两岸无际，令人胸次广博。不过了无变化，时间一久，便有枯索之感。好在有书可读，有河风可醒脑，旅途之中也不寂寞。

船入山峡后，景象便大不相同了。首先是水，如果楚水是"云青青兮欲雨，水澹澹兮生烟",那么蜀水便是水湍急兮若奔。奔腾的蜀江之水卷起大浪,拍击岩岸,扑向船头,"哗啦啦啦"吼叫着,令人魄动心惊。其次是山,山峡中两岸高峰夹峙,山色苍翠欲滴,而且移步换景,令人目不暇接。夜半山中隐约有猿啼,文翁闻此,颇动旅怀。

入川的第二天,西风乍起,风帆不能升。蓦然,险滩在前,一股急流扑来,四副船桨的划动竟抵不住急流的冲击,船身一颤便不受控制地后退。艄公警觉,猛地一声吼,四个船夫奋勇跳入江中,游到岸边,迅速把纤绳套到肩上,赤足踏定岩角石棱,身体往前一扑,双手抠着岩缝或十指抓入泥土之中,用力把身体绷直,咬紧牙关,拼命与急流对抗。过了好一会儿,艄公终于抓住时机巧妙转舵避开了急流,船身开始缓慢向前移动。"走起喽!"艄公喊过,船夫们踏着整齐的步伐,任汗珠向四面飞溅,喊起号子,一小步一小步地往前艰难移动。

看见这一幕,文翁有些激动。逆水行舟,只能进,不能退,否则便会倾覆于激流险滩之中,这不是自己当前的处境吗?接着,又有一种被点醒了的感动。不论简策里怎么说,亲眼所见,活生生的事实是:危急时刻,敢拼敢搏;听从号令,一往无前。这便是巴蜀民风啊!什么蜀民柔弱,什么蜀风"文刻",那些都是表皮;吃苦耐劳,坚韧不拔,才是本质。不然古蜀民怎么能够在沧海横流、沼泽遍地的古蜀大地上生存下来呢?

毫无疑问,蜀民是在与水的反复缠斗中,才取得了这个号称"天府之国"的生存空间的。

早在三皇五帝时期,狂放肆虐的岷江就是大禹治理的第一条江河。他将岷江当作他的"实验室",采用疏导的治水思想,开创了蜀地向东分流泄洪的治水格局。所以,《尚书·禹贡》记载说:"岷山导江,东别为沱。"

古蜀国杜宇王朝晚期,成都平原洪水泛滥,蜀民不得安生。面对滔天洪水,望帝派丞相鳖灵去治理。鳖灵继承大禹"疏泄"的治水策略,带领民众决玉垒山,大规模穿淘毗河,疏凿金堂峡,以此为泄洪水道,引导岷江洪水向东流入沱江,又一次"东别为沱"。鳖灵治水有功,使蜀"民得陆处",杜宇禅位于他,这就是号称丛帝的第五代蜀王开明。从此,蜀民在成都平原站住了脚,结束了蜀人自岷山"石室"进入成都平原以来的不断迁徙。

降至秦代，蜀郡太守李冰经过数次溯江而上和顺流而下的勘测，带领蜀地民众兴建了都江堰水利工程。岷江出山口那片平坦的区域，成为当时中国最为壮观的建设工地，修建者多达数万人。从上游数起，渠首工程建设最重要的是分水鱼嘴、飞沙堰、宝瓶口等三项工程。分水鱼嘴是人工筑起的一条纵向的大堰，把岷江上游流下来的江水分为内江和外江两股，因为头部像鱼头，所以称为"鱼嘴"。飞沙堰的修筑方法与鱼嘴分水堰相同，也是用特大竹笼装满卵石堆筑而成的。这条堰的高度和强度恰到好处，保证内江水位在达到一定高度后，江水会漫过堤堰而流入外江，避免洪水季节内江发生涝灾。宝瓶口工程实际是人工河渠的进水口。因为形状像瓶口，即命名为宝瓶口。在分水鱼嘴、飞沙堰、宝瓶口联合作用之下，岷江在这里成功地实现了有控分流，既可以保证成都平原不会出现洪灾，又为新开"二江"（即今柏条河、走马河）提供足够的水量，让蜀郡的政治、经济中心——成都居于水路航道线之上。

特别让文翁感兴趣的是，都江堰集水上航运、农田灌溉、漂流竹木、防洪减灾于一体，成为中国最古老的多目标综合利用水利工程。李冰率领民工修建都江堰，从时间上看，比古蜀国"开明治水"晚三百余年。但是，李冰把先贤以"除害"为目的的治水行动，创造性地化为了"除害"与"兴利"相结合的治蜀方略，竖立起了西蜀治水的第三座里程碑。

李冰的治蜀方略，对文翁的启发甚大。

治蜀应该从哪里开始呢？文翁是儒家学者，当然遵循孔子的治国理念。《论语·子路》中有这样一段话：

> 子适卫，冉有仆。子曰："庶矣哉！"冉有曰："既庶矣，又何加焉？"曰："富之。""既富矣，又何加焉？"曰："教之。"

这段话的意思是：孔子到卫国去，冉有驾车。孔子说："这里人口众多啊！"冉有说："人口众多之后，下一步该做些什么呢？"孔子说："让他们富起来。"冉有说："已经富有了，下一步再做些什么？"孔子说："教化他们。"

孔子认为，"庶""富""教"是治国的三个必要条件。第一是"庶"，即要人口众多，有足够的劳动力；第二是"富"，即发展生产，增加财富，解决人民物质生活问题；第三是"教"，在庶、富的基础上，发展教育，以礼乐进行教化。

毫无疑义，李冰是正确的。他依靠蜀地劳动力充足这一优势条件，兴建都江堰，开凿"成都二江"，变水害为水利，在二江流域范围内水旱从人，不知饥馑，基本解决了老百姓的衣、食、住、行问题，初步实现了由"庶"而"富"的转变。可惜的是，由于秦王朝的苛政和法家思想的束缚，李冰没有能够由"富"而"教"，还没有做到在改善民众生活的同时，促进蜀郡文化的发展。文翁明白，这就是自己在蜀郡守任上应该接着做的事情。而眼下的要务之一便是管理好都江堰。只要都江堰能够继续正常发挥作用，蜀郡就有稳定发展的基础。

文翁到达成都时已是冬季。稍作安顿，他便叫上郡国的水利人员"水曹掾史"，马不停蹄地到都江堰去视察。

李冰留下的管理堰工的机构叫湔氐道，负责工程管理与维护，兼理地方民情，建制与县同级。西汉时，湔氐道升为湔氐县，设水官"都水尉""都水长"等管理堰务。听说郡守文翁到来，都水尉和都水长连忙赶过来，恭候在文翁身旁。

文翁站在分水鱼嘴之上，岷江水汩汩滔滔铺天盖地奔腾而来，猛力撞击着鱼嘴，激起千层巨浪，欲将构筑堰体的竹笼撕裂，欲把江边的民工掀入狂躁的江流。民工浑身湿透，唱着劳动号子与之搏击，同时熟练地绑扎杩槎，准备断流，以修复被水冲坏的卵石竹笼。他们是那样的从容和无畏，令人心神激荡。江水改变不了鱼嘴的分派，只好乖乖地分为内江和外江顺流而去。大风把浪沫吹过来拂在文翁脸上，文翁真真切切地有了"天人合一"的感觉。

分水鱼嘴与飞沙堰同用卵石竹笼搭建，是一个既简便又高效的创新，既可就地取材，又方便施工，费用低廉，实用高效。然而，竹笼虽然有一定抗拉力、抗腐蚀的性能，但使用寿命短，两三年竹笼就可能损坏。同时，岷江里夹带的泥沙也会造成淤积。因此，每年必须"岁修"，在外江、内江轮流用杩槎断流，进行淘挖。冬季是一年之中水量较枯的季节，便于修复水利工程；冬季也是农事最闲的时期，有大量剩余劳动力可以投入，所以岁修一般安排在冬季。

这时候，有敲锣的声音传来。都水尉告诉文翁，这是飞沙堰的堰长在召集民工。文翁带着众人，循声来到飞沙堰旁。只见飞沙堰已经断流，堰长正在把数十名民工分为两队，一队修整飞沙堰，一队疏淘河道。

都水尉请文翁训示。文翁点点头，反复强调岁修就是维修，必须修旧如旧。"淘滩"有既定的深度，不能偷工减料；"作堰"宜浅不宜深，不能随意改动。如要修改，一定要禀报郡府，未获允许，不能擅动，否则严加追究。

文翁抬手指着飞沙堰下的一段河道，说道：这一段河道直，一定要把河床中心挖淘深一些，让江水"安流顺轨"，避免泛流毁岸，淹毁农田；下面一段河道拐了一个弯，一定要把河道修整成为一条弧线，不能倒硬拐，以此减轻河水主流对河岸的冲刷。这就叫"遇弯截角，逢正抽心"。李冰定下的规矩，不只是要刻在石头上，还要刻在每一个治水人的心上。

水曹掾史、都水尉等人，皆垂首称是。

赈灾抢险　情同手足

西汉时期，郡守的权力不小。著名学者钱穆在其《黄帝·秦汉史》中说：

> 汉之地方官，最要者为太守……常得召见，或赐玺书。朝廷于太守极尊礼，太守禄位略当九卿。汉廷宰相，变往往历试郡事……而太守在郡，亦得自申其意为治。得自辟掾属，一也。得专莅政事，二也。得主理财政，三也。得绾军权，四也。……则当时郡太守得专行其事，教化一方也。

汉承秦制实行郡县制，全国行政机构分为朝廷、郡、县三级，郡起着承上启下的作用。政权、财权、人权、军权，集于郡守一人之手。郡守实权在握，郡守的地位与朝廷中的高官"九卿"几乎平等，郡太守可以被选拔到朝廷做"九卿"，甚至可以进一步升任"三公"之职（丞相、御史或太尉）。

在这么重要的职位之上，文翁不可能不用心，不可能不忙碌。他把书童放出去，每天在成都的大街小巷里转悠。哪里居住官宦，哪里聚居贫民；哪里是粮食市场，哪里买卖骡马；物价稳定与否，街谈巷议是些什么，每天晚上和书童"摆龙门阵"。文翁则在郡府中运筹与周旋。初时，召见仓曹掾史与金曹掾史，了解粮食收成与储藏情况，以及货币、赋税、盐铁事务，摸清家底，做到心中有数。

接着便是犒劳军队。文翁带着粮食和猪羊,大张旗鼓地到军营去慰劳将士,和都尉、兵曹掾史、尉曹掾史等饮宴甚欢。进入腊月了,又与学官掾史谈论教化事务,要求他"教民读书法令"(《汉书·地理志》)。

有一天,书童回来告诉文翁,北门上来了不少灾民,还有增多的趋势。

"灾民!"文翁立刻抓住了关键词,心里为之一紧。

他记得,《春秋左氏传》中,楚武王伐随,季梁制止随军追击楚师时曾说:"夫民,神之主也,是以圣王先成民而后致力于神。"这就是说,人民是神灵的主人,因此,圣明的君主首先要让老百姓过上好日子,然后才努力去敬神。一部《春秋》,从头到尾,不论是战争还是政事,反复地讲"成民""勤民""防民""保民""亲民",等等。可以说,民本思想便是《春秋》的灵魂所在。从来没有一个地方,人民流离失所、饥寒交迫,而又政治修明、百业兴旺的。文翁知道一定是出事了,连忙赶到北门去。

北门城门洞里,以及城门内外的城墙根或者空地上,或躺或坐,或蹲或站,三三两两地聚集着灾民;城外的大道上,还有灾民陆陆续续、一步一捱地往这边走来。他们扶老携幼,衣衫单薄,面有菜色,目光呆滞,哭声和呼叫声不绝于耳。城边街的住户,有给一碗锅巴饭的,有给一两个饭团子的,灾民双手接着,无不用手抓了狼吞虎咽地吃。有一个老太婆孤苦伶仃地瘫坐在地上,头发煞白,面如核桃壳,全身抖得如筛糠一样。

文翁见了心里难过,正欲解衣送暖,不料书童抢先一步,脱下自己的夹衣披在老人身上。文翁问他们为什么逃到这儿。有的说湔江断流了,地里颗粒无收;有的说湔江的水漫出来了,庄稼全都涝死在地里……

文翁明白,这是江河断流,上涝下旱。他果断地把主管民政的户曹掾史请来,令他组织人手,就在北门内的空地上,埋锅起灶,施粥赈灾,每人每天一碗。然后,文翁又去找主管水利的官员,查问事情的缘由。水曹掾史说,事情出在繁县(其县域的大部分在今之成都彭州市境内)。数月前繁县关口皂角岩垮塌,截断了湔江,繁县县令曾经向前任郡守报告;前任郡守即将离任,无心政事,便令县令自行赈救。文翁听了没有埋怨,没有迟疑,带上水曹掾史和都水尉,连夜赶往成都以北的繁县。

繁县城内灾民更多，县令也在忙着赈灾。他报告说，皂角岩垮塌后，形成了十分庞大的堰塞体，而且边挖边塌，至今令人束手无策。

第二天上午，文翁一行来到关口。关口是湔江的出山口，以下便是浅浅的丘陵和辽阔的平原。然而这个出山口被两座大山卡住，河道狭窄。不知是什么原因，西南岸高峻的皂角岩竟然坍塌，整体倒向湔江。碎裂的岩块或大如房屋，或小如桌凳，把河床填得严严实实。数十民工挖了两个月，仍然成效不大，以致湔江断流至今。

文翁思索片刻，当机立断，命令县令派人去把灾民之中能干活儿的叫回来，开挖堰塞体；分一部分赈灾粮出来，当作他们的工钱，每天发粮若干。能干活儿的不回来，便不施粥。

县令说，岩石硬，挖不动。文翁让县令学习李冰开离堆的办法，用火烧，烧了以后浇冷水，然后再用铁锤砸。

安排完抢险事务之后，文翁命令水曹掾史留下来指导施工，带着都水尉回到成都，督导赈灾和劝返青壮年灾民，一并处理各项郡务。

转瞬过了数日，北门灾民有所减少，不过老弱妇孺还在。文翁相信水曹掾史有能力处理好堰塞体一事，但事情实在重大，于是再次去到繁县。

远远看去，关口方向有浓烟升腾，接近便隐隐约约有热气袭来。来到湔江断流之处，见堰塞体被烧得如火焰山一般，数百民工或坐或站在远处观看。堰塞体矮了一些，但距离堰塞湖水面依然相去较远。火势虽大，烧的却是一条线，并不是堰塞体的全部岩面。这是为什么呢？

水曹掾史满面通红地从火场跑过来，把文翁请到他睡觉的窝棚前，汇报说，现在是在抢险，是在救民于水火，所以要快。全部挖掉这个堰塞体费工费时，太慢。其实只要开一条沟，把堰塞湖的水先放出去，让老百姓能够回家，明年立春之后能够不误农时，就算大功告成。完全清除堰塞体，下一步再说，并请示文翁："这样行不行？"

文翁点了点头，然后严肃起来，指了指那些站在一边观看烧岩的民工们。

水曹掾史立刻反应过来，说道："是，大人。我马上把民工分为三队。一队伐木制柴，一队设火烧岩，一队砸岩取石。同时把排水沟分为两段，一段烧，一段砸，这样就不会窝工啦。"

文翁鼓励水曹掾史道："好！我今天不走了，陪你住窝棚！"

不久，县令赶到，到底没有让文翁住窝棚。县令在附近给郡守大人找了一处农家小院。这小院翠竹环绕，入夜风来，沙沙声此伏彼起，如心潮一般难以平静。

第二天，依照文翁的示意，县令请来一个领路人，三人从东边翻过山梁，沿着堰塞湖岸向湔江上游察看。堰塞湖长达十余里，湔江河谷几乎全部浸泡在河水之中。房屋有的已经被泡塌，有的没入水中，山上坡陡地滑。文翁想起，文献中有"田于湔山"的记载。传说第三代古蜀王鱼凫曾经在湔山打猎，忽然得到了成仙之道，便成仙飞升了。古蜀人思念他，还为他在湔山修建了祠堂。祠堂在哪儿，现在还在吗？这儿可是古蜀文明的发祥之地，没有建设好，还使它浸于江水之中，愧对祖宗，愧对历史啊！

文翁尚在自责，忽然，前方传来了喧嚣吵嚷之声。

"把竹笼拆啦！"

"凭什么拆？水把我的田都冲垮啦！"

"你不拆，我们帮你拆！"

"你敢！你问一下我的锄头答应不答应！"

只见远远地有两群农人，手持锄头、扁担、木棍对峙着，眼看着就要发生械斗。文翁和县令急忙上前，站在两群人中间。

原来这儿叫仙居乡。前些时候，湔江右岸发生泥石流，阻塞了部分河道。水道变窄，变成了"几"字形，急流直冲对面河岸，造成河岸垮塌，毁了部分农田。左岸的人便用卵石竹笼筑了一道堤。谁知水流被堤一挡，转头便冲向了对岸，造成右岸的道路、房舍损毁。

问明情况，文翁把两方瞧了瞧，不怒自威，大声说道，你们两村的人，天天喝湔江水，年年用湔江水灌溉田地，这湔江便是你们两村人共同的母亲。你们两村人，隔河相望，便是湔江母亲的两个儿子。你们没有把母亲保护好，母亲受难了，不去救，反而为了一点小利，就要在这儿大打出手，手足相残！这是对母亲的不敬不孝啊！

文翁说到这里，县令趁势喊道，听懂文大人的话没有？手足相残，大逆不道！还不把棍棍棒棒放下！好大一个事情嘛！这儿来的人，有一个算一个，拿起锄头到河里面去，把河道挖宽、淘直，水没有冲击力，不就没有事情了吗？

其实这个泥石流不算大，堆积物也不算太多。一天干下来，水道基本变宽变直，水流便顺畅多了。水流顺了，气也就顺了，再加上文翁和县令的劝解，两岸村庄的人终于消除前嫌，和好如初。乡民们感谢文翁，后来，一致同意把"仙居乡"改名为"思文乡"，把"仙居场"改名为"思文场"（即今之"思文社区"）。

数日之后，文翁在水曹掾史的陪同下，在堰塞体上细细地检查了一遍。堰塞体两头的山崖经过清理，暂时已经没有可能坠落的危石。皂角岩对岸堰塞体相对较低的一线，开出了一条约四尺宽的深沟，初步具备了通水条件。水曹掾史说："我们准备继续干，把排水沟开到一丈宽。"文翁点点头。水曹掾史便递给文翁一柄铁锤，请文翁砸开沟首的一块挡水条石。

文翁抡起铁锤，在大家的叫好声中，三下五除二地把条石砸碎。堰塞湖水一涌而出，翻滚着，不停地向下游奔流而去。

筹谋治湔良策

回到成都,夜静深思。

连日奔波后,文翁从十余日的抢险救灾中,明确了两个事实。其一,李冰治水成功,二江环抱成都,两岸良田美土相属,灌溉沟渠纵横,竹林农舍点缀其间,好一派繁荣富足的风光。但是,这只是蜀郡的一部分,一小部分而已。蜀郡治下有成都、广都、江源、临邛、郫县、繁县、广柔、蚕陵、湔氐、绵虒、汶江等县。"二江"两岸水旱从人,不知饥馑,不等于其他地方也如此。总的来看,蜀郡仍然是偏僻的经济文化落后的地方。"富民"的目标尚未完全达到。其二,驻足关口,成都平原北面的湔江流域,既不在都江堰灌区之内,也没有经过有效治理,是一大片空白区域。这儿旱涝不定,民生艰难;下游州县众多,影响甚大,亟待治理。如果一鼓作气,趁着抢险救灾的气势,治理湔江流域,有可能收到事半功倍的效果。

文翁没有犹豫,立刻采取行动,拉了水曹掾史,跋山涉水,对湔江流域做详尽的考察。

龙门山脉是岷江与沱江的分水岭,而湔江是沱江的支流之一。

湔江,古称北江。《山海经》云:"北江出曼山"。曼山,今彭州太子城。即湔江从龙门山脉太子城峰西南出发,在巍峨的群山之间曲折回环,穿山而下。其干流白水河与湔江的另一条支流白鹿河(又称雁江),在三岔河口交汇,然后流向东南，在中低山区中行进。一路之上，河谷狭窄，岩坡陡峻，水流湍急，飞流溅沫，涛声震耳，经过新兴镇之后直达关口。这一带便是湔江河谷，史称"两河流域"。蜀王鱼凫"田于湔山"之湔山，即起于新兴镇的阳平山。

龙门山脉不仅常常暴发山洪，导致湔江、白鹿河下游河水泛滥，沿河居民粮食绝收，而且经常发生地震以及泥石流，岩石压断湔江河床，致使断流成灾。更严重的是，一旦壅塞无法排泄，就会导致"蜀水不流，蜀地潴水"，形成一个巨大的堰塞湖，"悬浮"在成都平原的"天灵盖"之上。

湔江的出山之处，牛心山、寿阳山隔江对峙，气势雄伟，状如门阙，故称为"关口"。关口以北，崇山峻岭；关口以南，则是一马平川。湔江进入平原之后，河道突然展开，水流突然变缓，水中挟带着的大量砂石淤积下来，造成砂砾石河床。下游不远处便是繁县，再以下则是新都、什邡、广汉、青白江等地域。

湔江流域，必须治理才能于民有利，这就是文翁考察后的判断。

返回成都郡府，文翁召集官员议事。水曹掾史向大家报告考察所得。官员们一致支持文翁的主张，认为应该不失时机地治理湔江，以此为突破口，打开治蜀的新局面。趁热打铁，文翁命令水曹掾史立即开始制订治湔方案。

第二年春天，春耕时节，繁县县令在野鸭子河畔设宴，感谢文翁、水曹掾史，并祈求年年有个好收成。文翁带着水曹掾史应邀前往，趁机对湔江下游的九条河进行考察。

这九条河全在关口以下，成扇形展开，散流在广阔的成都平原北部。最北边的野鸭子河为湔江下游的主流，水量相对充沛。但是，岷江是正流，湔江只是沱江的一条支流而已。湔江流域面积和积雨面积都比岷江小得多，湔江的水流量远远比不上岷江。关口以上，湔江的中游地区，即白水河与白鹿河流经的所谓"两河流域"，古蜀人在此经营过许多年，农耕发展较好，用水不少。因此关口以下的九条河中有的河水流量不够充足，尤其是最南边的清白江，冬春之际有断流之虞，不时发生农人争水的情况。

文翁站在野鸭子河的河滩上，对河中成群结队的野鸭子视而不见，陷入了深深的思索。

专业的事情还是要专业的人员来办。入夏不久，水曹掾史呈上了治理湔江的

清嘉庆《彭县志》所载之湔江水系图

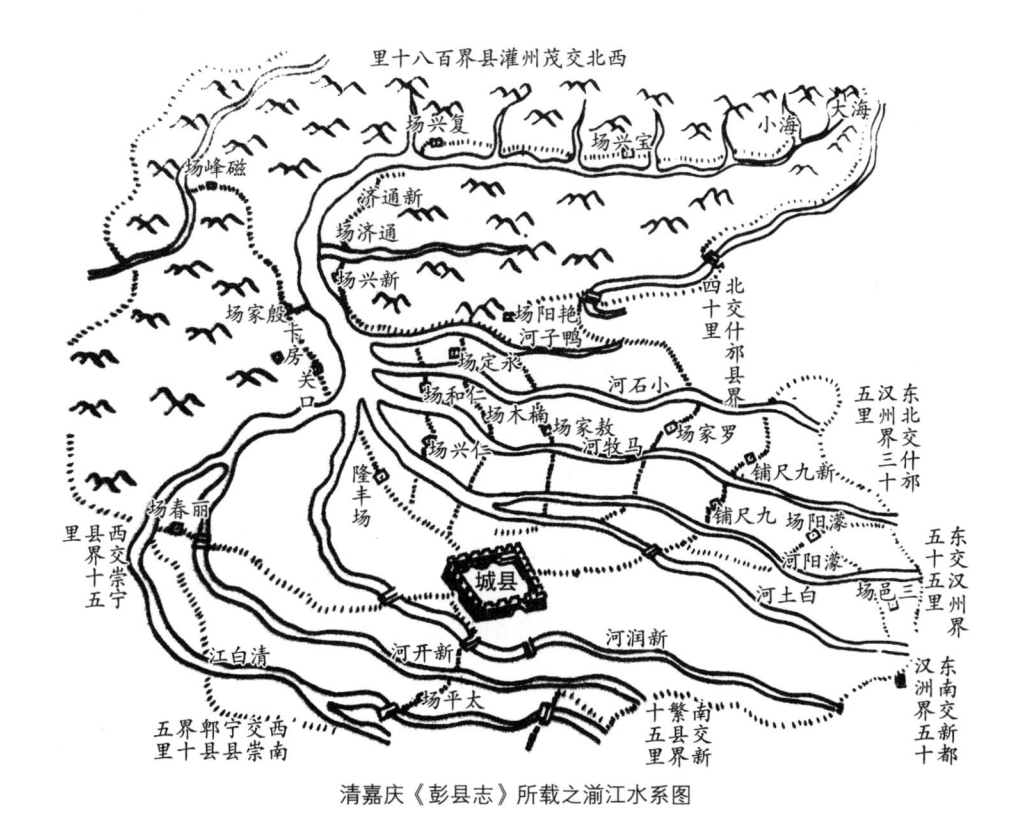

总体规划。水曹掾史是下了功夫的。他把湔江治理分成三部分。对中上游以河道清淤为主，辅以对泥石流易发地区两岸山体的整治；对下游则以完善灌溉沟渠为主，辅以河道清淤，保证水流畅通；而关口则为工程的关键节点，在此建渠首，筑堰，调控下游九条河的水量，以期涓滴归田、水尽其用。不仅如此，水曹掾史还对工程量和木石材料的使用量做了概算。这样的规划不可谓不详尽，但是呈送到文郡守的公案上之后，却没有了动静。

其实，文翁已经把规划读了多遍。第一遍读过面有喜色。第二遍读过，面色竟然渐渐凝重起来，于是去读有关都江堰的简策，去翻阅有关古蜀国的典籍，然后便是反复地读《春秋》和《尚书》。夜深人静，城区灯火一盏一盏相继熄灭，郡衙里却有一灯独明，灯前是冥思苦想的太守。读第三遍规划的时候，文翁眉宇间的皱结似乎舒展了一些，但是此后文翁却置规划于案，快一个月了，却不置可否。

第二章　壮年守蜀　首开湔江 | 037

文翁明白，自考察过湔江下游之后，水曹掾史与自己一样有一个忧虑，就是湔江水流量不足，难以对湔江下游广大地区实行充分的灌溉。在治湔规划中，水曹掾史提出的解决办法是，在关口筑堰，蓄积一部分江水，必要时调剂到缺水地区。然而，湔江中上游河谷狭窄，河道不够宽、不够深。堰作低了，杯水车薪，作用不大；堰作高了，淹没农田，有酿成民变的危险。治水乃百年大计，功在当代，利及千秋。没有水文记载，没有资料依据，仅凭良好愿望办事，这是在赌。赌老天爷不下大雨，赌湔江河道有足够的蓄水空间。以赌博之心治理湔江，大祸临头之日不远矣！

有其他的解决办法吗？有一天晚上，文翁读到《春秋左氏传》中之"宫之奇谏假道"时，脑中灵光一闪，被"假道"二字吸引住了。"假道"即是"借道"。道可以借，水难道不可以借吗？文翁豁然开朗，立即伏案看地图。清白江南边不远处便是柏条河。李冰于一百余年前开凿的这条人工河，水量充沛得令人羡慕。可不可以按照《尚书·禹贡》说的，再来一次"东别为沱"呢？大禹"东别为沱"是为了泄洪，如果现在再来一次"东别为沱"，那就是为了给湔江补水了。然而，"引岷济湔"的工程量大啊，要涉及三四条河！可行吗？人力、物力、技术保障足够吗？当年，在晋楚城濮之战中，楚国的子玉就是因为不爱惜民力而自败的。

如果作堰的办法能够解决问题，省工、省时、节省民力，岂不更好？即使灌溉不充分，也比失败强啊。

文翁心中纠结，决心难下。

文翁在等，等一场与去年相当的大雨，说服自己，也说服水曹掾史。

去年大雨之后，湔江断流酿成了旱涝灾害。如果今年降下同样的大雨，在没有断流，却有堰塞体的情况下，会是什么状况。当然，要看就要在水位最高的时候，那才能看清楚利害得失。

皇天不负苦心人，一个月后，大雨如期而至。文翁与水曹掾史一人骑上一匹马，冒雨冲风，直奔关口而去。雨中的成都平原，房舍、竹木、禾苗、田土，全都是湿漉漉的。灰暗的天空下满是水雾，眼前一片苍茫，道路泥泞，马行不快。即便如此，雨滴打到脸上仍然隐隐作痛。竹斗笠作用不大，到达关口之时，两人早已湿透。

湔江两岸的山坡被水流覆盖着，山水"哗哗"地往下流。残存的堰塞体已经看不见了，汹涌的江水覆盖并跃过了它，形成瀑布，不停地往下砸。"轰隆隆"的水声，动人心魄。河滩已宽逾百丈，汩汩滔滔的激流，狂放地向平原奔去。水势竟然比去年还大，站上高处便可以看见上游河水已经溢出河道，两岸田地大部分已经泡在了江水之中。

水曹掾史跳下马，脚踩进了河水竟然不自知。望着前方翻越堰塞体的肆无忌惮的洪水，脸上有难掩的惊慌和失落，渐渐又被后怕和愧疚代替。

这个地方泄洪不畅都要出问题，作堰岂不更危险？

文翁下定了决心。

雨过天晴之后，文翁再次带着水曹掾史出发，柏条河、蒲阳河、濛阳河、清白江，一条河一条河地踏勘考察。他们在河滩上踏着滚烫的卵石，一步一步地用"绳"测量长度。他们顶着烈日骄阳，用"准"测量水平面高低。他们请河流沿岸的庄稼老汉喝茶，摇着蒲扇调查历年来的水文地质情况。"偏东雨"突然来袭，他们躲进客栈里，运用"勾三股四弦五"等反复计算，进行可行性评估，以求万无一失。一天傍晚，水曹掾史指着运算草稿说道：

"大人，您看，完全可以往东北方向引水，来一个'九河归一'都可以。"

"引岷济湔"的设想总算可以确定下来了。但是，要把竹简上的东西变成现实，需要做更多的事情。何况治蜀是一项社会系统工程，涉及方方面面的事情。农田水利、财政赋税、文化教育、治军戍卫、街市行政，哪一样不需要以身作则，亲力亲为？如果治湔能够成功，蜀地富庶更上一层楼，到时候教化便会成为当务之急。一个人在郡守任上，千万要保持冷静的头脑，不能贪功求大，更不能有歇一口气的懈怠。

穿湔江　灌繁田

秋天，治理湔江流域的"湔江堰"方案终于完善，上报朝廷，并申请治水经费。同时，文翁开始在地方官员与士绅中募集钱粮，广开财源，多方筹集治湔资金。

这时候，文夫人带着儿子已到达成都，住在郡府后院，感到不大习惯。在家乡时，开门就见青山绿水，又是三代聚族而居，热热闹闹，日子过得快活。可是，到了成都，高墙深院里，没有人主动和你说话，老爷白天公务繁忙很少在家，儿子也要上学读书，难免不习惯。而且，成都的天气老是阴沉沉的，湿度也大。不过，这成都的街市还真精彩。这天下午在城东，偶然看见街边有两个大池塘，水清澈见底，半塘荷花让人流连。塘边一众小院，乔木枝桠从墙头探出来，别有一番情致。

文夫人回到郡廨，文翁正在书房里读书，好不欢喜，连忙上前问安。见屋角多了两个黑色木箱，不经意地揭开箱盖看看，蓦地便惊呆了，两个箱子里竟然全装着白花花的银锭。

"这是一位乡绅捐给治水工程的善款。一共三千两。"

"为什么送到家里来啦？"

"我当时便把金曹掾史请来，已经三人当面点清。"

"老爷，临上船来成都的时候，老爹爹要我转告你：君子爱财，取之有道。"

正说着，金曹掾史带着四个侍卫来了。文夫人看了丈夫一眼，立即回避。文翁与夫人心灵相通，他知道她懂得了他的意思，便与来人一起再次清点银两无误，之后侍卫两人抬一箱，由金曹掾史解押着，全部送到了府库。

稍后，夫人再次来到书房，手里拿着几张银票，郑重地递给文翁道：

"我们家就这么多钱，拿去捐了吧。我知道老爷为难。官场的事，上行下效。你不捐，别人不会捐，也不敢捐。"

"夫人，我欠你一个有水有树的小院。"文翁知道夫人的小心思，感动地说。

"老爷，商人无利不早起。那个乡绅不会是有所求吧。"文夫人把话题岔开。

"他求一份公事人的差事。"

"肯定是想加倍捞回去。"

"他敢！"

第二天，文翁与夫人倾其所有、带头捐款的消息便流传开了，蜀郡及各县官员纷纷响应，人人认捐。那位乡绅得到郡守大人的称赞和许诺，喜出望外，四处宣扬。于是，民间的大量财物募集到了郡府，以助治水成功。

不久，朝廷治湔专项经费拨到成都。文翁命令水曹掾史负责施工管理，命令兵曹掾史负责调遣堰兵，命令繁县县令负责募集民工，命令金曹掾史总管治水财务，专款专用，毫厘归公。同时也给捐银的乡绅安排了一个买办的美差。他自己则把去年在关口住过的那个农家小院作为落脚点，成都、关口两头跑，全局、重点两手抓。

吉日良辰到了。数千堰兵，数万民工，以及郡县官员，聚集在关口的河滩与山坡之上，旌旗猎猎，鼓乐喧天，誓师开工。

文翁头戴官帽，身着官袍，皮制的腰带上挂着长剑，率领郡府的官员们登上高台。在举手投足之间，文翁依然有儒者的从容不迫，但眼光内敛，眼神威严，双唇紧闭，显示出刚毅与果决。他俨然已是蜀兵的统帅，虽然不能像雁门太守那样在黑云压城之际，带兵扑向犯边的匈奴兵马，但是，水声激越好似战马萧萧，开山击石犹如刀剑相接，同样是在为大汉朝廷的稳定和强盛而战。他有必胜的信心，他有无坚不摧的力量。他不急不缓，沉稳而雄健地从腰间拔出长剑，倚天而立，"约法三章"道：

"贪墨堰款者，斩！偷工减料者，斩！无故延误工期者，斩！"

"三军"呼声雷动，士气昂扬。乡绅之流则如闻惊雷，再也不敢造次。后来即使办差失误，那位乡绅也只有私下拿出银两填补，以免遭处罚。

治湔工程涉及整个湔江流域以及岷江的部分支流，规模浩大。工程的第一部分是一段一段地疏淘淤塞于中上游河道中的岩石和泥土。这项工程深得民心，挖掘河道的民工和堰兵干劲十足，仙居乡的人更是主动出工参加淘河。不到两年时间，便疏浚了山内的九条河，白水河、白鹿河的水顺畅地注入湔江中游，并平安地输送到关口。流离失所的民众终于回到家园，两岸被淹没的田土全部得以复耕。

工程的第二部分是穿湔江口，梳理下游"扇形水系"。首先是彻底清除了关口河道中的堰塞体。然后在关口修筑灌溉渠首，分泄从群山丛中咆哮而出的湔江水，让水流像一把打开的折扇似的分成多股，顺着成都平原北部向东流去，流向繁县腹心，流到下游各县，减少旱涝灾害，增添灌溉之利。文翁梳理的"扇形"灌溉水系，一共包括九条河。北边六条自北而南分别是野鸭子河、小石河、马牧河、濛阳河、白土河、小濛阳河，分别灌溉今天之丹景山镇、葛仙山镇、敖平镇、红岩镇、隆丰镇、军乐镇、三界镇、濛阳镇、彭镇、九尺镇、致和镇、天彭镇、升平镇等地，然后经广汉、金堂汇入沱江。南边三条由北而南分别是新润河、新开河、清白江，分别灌溉今天之丹景山镇、隆丰镇、致和镇、天彭镇、丽春镇等地，然后在新繁与蒲阳河相接，经新繁、新都、广汉，最后也注入沱江。

冬去春来，两易寒暑，事实再一次证明，湔江下游之清白江水流量明显不足，两岸田地不能得到充分灌溉。启动治理湔江的第三部分工程，"引岷济湔"势在必行。那年冬天，文翁沿着规划开凿的"引岷济湔"的河道进行了再次踏勘。第三年秋收之后，文翁挥师南下，带领堰兵和民工，在都江堰太平桥下丁公鱼嘴（今蒲柏桥节制闸），凿穿了都江堰柏条河北岸之土石，导引岷江水向东北分流，进入蒲阳河，并把原本狭窄的蒲阳河拓宽至四十到六十米，掘深至三米左右。流经蒲村（今都江堰市蒲阳镇）之南，又有濛阳河自北来汇。然后，文翁又率民众在蒲阳河流程近十八里的桃花滩处，依地势开凿了一条河，将蒲阳河与清白江连接在一起，把岷江水引入了湔江下游，最后汇入沱江。

这样，既减轻了岷江发洪水时对成都平原西南部的威胁，又增加了清白江的灌溉用水，增强了湔江关口以下"扇形水系"的灌溉能力，使平原腹地的农田在枯水期也能得到灌溉。清白江也因此成了同时流淌岷江、沱江两江水的双生河。沱江里流着岷江水，沱江流域便成为四川盆地内唯一的"非封闭型"流域。同时，都江堰也由二支分水变为三支分水（即今之蒲阳河、柏条河、走马河三大干渠），成都平原北部从此成为都江堰灌区的一部分，纵横交错的水系渠网，滋润着千万顷繁田，蜀郡的农业生产迈上了新台阶。文翁则成为大规模扩大都江堰灌区及灌溉效益的第一人。

可以这样说，文翁治理湔江，以顺应自然、师法自然为原则，把关口作为节点，利用山势、地势与水势，因势利导，因地制宜，将湔江水分流到龙门山以东和以南的丘陵以及平原地带，又实行"引岷济湔"，以补湔江下游水量之不足，终于实现了无坝引水、自动分流和自流灌溉，拓展了以李冰为代表的古蜀水利工程模式，为形成和扩展"水旱从人，不知饥馑"的"天府之国"做出了重要贡献。

文翁治理湔江用时五年左右，其间喜得次子和第三子，分别命名为士道与士廉。文翁也由青年进入中年，下颚蓄上了胡须。

文翁治水的功绩彪炳史册。最早记载文翁治理湔江的史籍是《华阳国志》和《水经注》。

《华阳国志·蜀志》云：

  孝文帝末年，以庐江文翁为蜀守，穿湔江口，溉灌繁田千七百顷。

《水经注·江水》云：

  江北则左对繁田，文翁又穿湔溲，溉灌繁田千七百顷。

今天在关口，还能看到后人为纪念文翁而修建的文翁祠的旧址，石柱上镌刻着的对联清晰可见。其中一长联曰：

既庶何加曰富，曰富何加曰教，至道本自尼山，文不在兹乎？独对二千年历唐宋元明无庙祀；
穿堰然后有田，有田然后有收，深思长流湔水，民弗能忘也！足征十七里中士农工贾具天良。

第三章

富而教之　遣士诣京

　　文翁是蜀郡太守,并不是私塾先生,他为什么要去办学校?他办了一所什么样的学校呢?在兴学的过程中,有过什么困难?采取了哪些举措?最后是怎样办成石室的?影响有多大?对此,《汉书·循吏传》有比较完整的记述。

"以吏为师" 必须改革

《汉书·循吏传》称：

> 文翁，庐江舒人也。景帝末，为蜀郡守，仁爱好教化。见蜀地辟陋有蛮夷风，文翁欲诱进之。

这两句话告诉我们，文翁出任蜀郡太守之后，面对的问题除了水患，还有"蜀地辟陋有蛮夷风"。"夷"是古代中原人对东边、西南边少数民族的俗称。巴、蜀、广汉自古被称为"南夷"。因此蜀地有"蛮夷风"并不奇怪，问题的关键是应该如何"诱进"。

文翁知道，"欲诱进之"，必先了解之。他一方面阅读和研究古蜀文献，另一方面便是争取有更多的时间走出郡衙，去和蜀人谈天说地，评古论今，去观察蜀地的民间习俗和社会风情。春天，劝农之时，看见庄稼老汉赤足踏碎水田里的冰凌，启动开春第一犁的情景，文翁为之感动，亲身领略到了蜀地农家严守农时、三犁三耙、精耕细作的可贵精神。夏天，烈日当空之时，文翁正在路边树荫下与当地父母官谈话，一位往田地里送饭的农妇，忽然中暑晕倒。五六个农人见了，丢下农活，呼喊着奔来帮忙……他们并非一家人，却急人之难，互相帮助，令文翁赞叹不已。

当然，文翁也看见了亲兄弟为分家闹得反目成仇，邻里为鸡犬相斗、互有死伤而弄得冤冤不解。在一些县，某些富甲一方的"陶朱公"，有奴仆数百人，富贵可与王公贵族比肩。他们驾着四匹马拉的车招摇过市，穿着王侯将相才穿的华丽衣裳；娶儿媳妇摆设牛、羊、猪齐备的宴席，嫁女儿护送嫁妆的车辆有上百辆；葬仪规格必定是高坟瓦棺，祭奠前夕要先审看和展示祭祀用的羊、猪等牲口；打猎时万人空巷，围观者众。很明显，奢侈之风在蜀地有抬头的趋势。

这正如孟子所说，使民"仰足以事父母，俯足以畜妻子，乐岁终身饱，凶年免于死亡，然后驱而之善，故民之从之也轻"（《孟子·梁惠王上》）。孟子又说："饱食、暖衣、逸居而无教，则近于禽兽"（《孟子·滕文公上》）。可见"富"而后"教"，"驱而之善"是何等的重要。

然而，令文翁不解的是，他上任之初，曾经要求学官掾史"教民读书法令"，为什么过了四五年之后老百姓还是"未能笃信道德，反以好文刺讥，贵慕权势"（《汉书·地理志》）呢？

显然，这是一次失败。

可是，问题出在什么地方呢？是学官掾史办事不力吗？不对。学官掾史是个老学究，办事呆板，但不是一个偷奸耍滑、懈怠公务的人。

有一天，文夫人从外面买了一大篮红橘回来，给文翁讲了这样一个龙门阵：

成都城郊有一片果林，橘子长得又红又大。主人贤惠，与客人约定，凡是到这儿来买果子的，可以拿着竹筐随便摘，随便尝，离开时按竹筐里余下果子的斤两付账即可。于是顾客盈门，生意红火。一般人视摘果子为一种乐趣，小心翼翼的；尝果子也斯文，不好意思多吃。谁知有一天来了一个莽汉，摘了十几个大红橘，一边吃一边糟蹋，一个也不剩了，一拍屁股便走人。主人呵呵一笑，并未计较。不料那个莽汉第二天又来了，还带来了两个人，不仅故伎重施，还折损了果树。主人上前理论，要求赔偿，并把三人扭送到了成都县衙。县令叫法吏处理。法吏深感棘手。事情虽然恶劣，但肇事者非抢非盗，并未违犯法律，无法按照法令条文定罪。最后，法吏只好将三个莽汉教训一番，不了了之。

听完这个故事，文翁明白了。法律问题与思想道德问题不是一回事。用法律也许可以钳制思想，但是解决不了思想道德问题。思想道德问题要依靠教育来解决。

想到这里，文翁忽有所悟：难道问题出在当前实行的"以法为教"和"以吏为师"的教育制度上吗？

"以法为教"和"以吏为师"的教育制度建立于公元前213年，即秦始皇三十四年。这一教育制度是由李斯建议而由秦始皇采纳、颁布施行的。它规定人们学习文字和法律，只能向政府官员学习，政府官吏承担教育行政官员和教师的双重职责，而且学习内容只能是朝廷的法令。"以吏为师"中的"吏"也不是指所有的官吏，而是专指"法官"和"法吏"。据《商君书·定分》记载，天子设置三个法官：宫殿中设置一个法官，御史府设置一个法官、一个法吏，丞相府设置一个法官；诸侯和郡县比照秦都各设置一个法官和法吏。

秦相李斯之所以提出"以吏为师"，似乎是因为西周时期典章文物，曾俱掌于官府，学校与官府一体，掌管教化的官吏兼任教师。学在官府，政教不分，官师合一。民间无书无器，教育非官莫属，非官莫能。学校只招收贵族子弟入学，目的是培养世卿世禄的贵族。

然而到了春秋战国时期，官学却衰微了，私学勃兴，即所谓"天子失官，学在四夷"（《春秋左氏传·昭公十七年》），教育冲破"学在官府"的束缚，教育对象扩大到各个阶层乃至平民。孔子率先办起私学后，没有官籍的职业教师纷纷出现，诸如墨子、庄子、子思、孟子、荀子等，聚徒讲学，蔚然成风。各种各样的思想观点喷发而出，呈现出百花齐放的景象。不过，这些都不是秦始皇乐于见到的。

秦灭六国、一统天下之后，秦始皇便取缔私学，用威势再一次把教育权收归官府，在全国确立了"以法为教""以吏为师"的教育制度。他以为，"吏"是经过层层挑选任命的，吃着皇粮，拿着俸禄，与政权兴替拴在一起了，为了维护既得利益，他们应该能够唯上命是从，不会做出损害朝廷的事情来。因此，用"吏"来维持思想的纯正，杜绝思想领域的异端，行使思想的传授权与思想正误的裁决权，应该万无一失，最为可靠。

所以，李斯建议秦始皇"以吏为师"，其实质是为秦始皇统一舆论、钳制人民思想服务。一有异端，即予铲除。但是，思想的对错很难用一把固定的尺子来度量。"吏"手里恰恰只有现成的法度律令这一把尺子。于是一切新的思想，在守法刻板的官吏眼中就全都成了应当铲除的异端。这样，"以吏为师"便成为扼杀新思想的利器，是"文刻之风"产生的原因之一，不可能为改善蜀风起到正面的积极的作用。

"以吏为师"的所谓"教学"是这样进行的。如果一般官吏或者老百姓向该地区（或者部门）主管法令的官吏求教（只能询问有关法令的具体内容），主管法官必须对他们提出的问题给予明确答复。同时主管法官要制作一个长一尺数寸的符券，符券上写明询问者在某年、某月、某日、某时来此问了什么法令内容。询问结束后，必须把符券剖为两半，左片给询问法令的人，右片则由主管法令的官吏小心地装入木匣，收藏在一个屋子里，用法令长官的印封上，即使当事人死了，也要依照符券的记录办事。如果在这个"教学过程"中，对于老百姓的询问主管法官不回答或者回答错误，等到询问者将来在某一天犯了罪，而且所犯之罪正好是他曾经询问过的那一条，那么就要按他询问过的那条法令的规定来惩罚这个主管法令的官吏。

仔细想来，这样的询问能算是教育吗？如果这样的询问也算教育，也是一种泛化的教育。询问者与被询问者之间，一般是问什么回答什么，没有问到的就可以不回答，教学内容既零碎而又无系统性可言。受教育的人（询问者）也不确定，询问的内容又只能是法律政令，这样的教育能有多大的效果？

所谓教育，应该是要培养对社会有用而又人格完善的人。如果"以法为教""以吏为师"也算一种教育，那也是秦始皇用来钳制人们思想的愚民教育。文翁意识到了，这便是问题的根源之所在，必须从形式和内容两方面对之进行改革，并以改革教育制度为突破口，引导蜀地的社会风尚由"好文刻"向好文雅转变，由"贵慕权势"向贵慕才德方向转变。

"大学之道,在明明德"

改革秦代留下来的教育制度之后,建立一个什么样的新的教育制度呢?

对于这个问题,从历史和现实的角度,从治国与治蜀的角度,文翁有深入的思考。

回望夏、商、周三代,中央王朝强盛,诸侯宾服,处理与周边政权的关系时,不主张武力征服,而是希望通过自己的文化和德行使其臣服,主动来朝贡,即孔子所谓"远人不服,则修文德以来之"。教育则全部为官家所有,民间无学。

周朝后期,春秋、战国以降,形势陡变,各个诸侯国都积极主动扩张自己的统治区域,甚至不惜用战争的手段进行兼并。官学随之衰微,孔子首创私学。于是私学突起,将教育广播于民间。

秦统一六国之后,为建立中央集权的王朝,秦始皇废除分封制,推行郡县制,中央派遣官员直接管理地方,从行政管理制度上确立了新征服地区的归属问题,但是在文化风俗上边远地区还保留了很大的独立性。怎么解决这个问题?秦始皇的办法是焚书坑儒,禁止私学;以法为教,以吏为师。企图用行政的暴力的手段,钳制人们的思想。结果适得其反,秦朝速亡。

汉高祖刘邦统一国家之初,在一段时间里,曾经东西异制、郡国并行,在秦、韩、魏西部地区设郡县"奉汉法以治",在赵、燕、齐、楚等东部地区则立王国从俗而治，这样就把战国时期的问题和秦代的问题全都继承下来了。西部在文化风俗上与中原不相融洽，东部诸王在政治上与中央保持独立性。在教育上，汲取秦朝速亡的教训，不再取缔私学，是为英明之举。可是，汉家得天下已经数十年，官学竟然缺席，显然不利于开发民智、提升民德、改进民俗。

汉景帝即位不久，吴王刘濞对中央朝廷削弱地方统治势力的政策不满，联合楚王刘戊、赵王刘遂、济南王刘辟光、淄川王刘贤、胶西王刘卬、胶东王刘雄渠等刘姓宗室诸侯王，以"清君侧"的名义发动叛乱。虽然七国之乱很快就被镇压下去了，但其所反映出来的本质问题，即如何通过非武力的方式取缔地方割据势力的独立性，如何通过温和的做法融合边远地区的地方文化，加强中央王朝对地方的统治，则成为西汉王朝亟待解决的难题。

怎么才能解决这一难题呢？

文翁认为，办法之一便是办教育，加强教化。尤其是融合边远地区的地方文化问题，教化的效果会更好。

其实，自汉惠帝四年（前191年），废除《挟书律》、取消对私家藏书的禁令之后，学校便在全国各地蓬蓬勃勃地开办起来了。蜀地亦然。景帝时，临邛（今邛崃）便有经学大师胡安隐居于白鹤山，以教授生徒为业，讲授儒家经学，司马相如少时就曾学于此。不过，比较起来，由一般有文化的人开办的书馆与塾馆则要更多一些。书馆主要教儿童识字、写字，传授一些数学常识，进行行为品德教育和日常生活知识教育，所用教材一般为《仓颉篇》。《仓颉篇》是古代的启蒙识字书，最初内容有三篇二十章。塾馆主要教授《论语》和《孝经》，学习方法注重诵读，为专经研习做准备。学生如果违反管理规定，或者背书达不到标准，或者字写得太丑，均要受到斥责或鞭打。层次较高的学校叫作"经馆"，又称为"精舍"或"精庐"。经馆的老师多为名士硕儒。他们有的如胡安一样终生隐逸山林聚徒授经，有的辞官致仕后闭门授业。经馆通常由一名经师主持，弟子却可能成百上千，分为"著录弟子"与"及门弟子"两种。及门弟子多的，老师难以遍教，于是由老师教给先来的高足弟子，再由大弟子去教二弟子，二弟子去教三弟子，如此类推，美其名曰"次相传授"。可见教育已经相当兴盛。

然而，这些都是私学。私学往往门户林立，良莠不齐，需要示范和引领。

因此，文翁认为，不论从治国还是从治蜀的角度，都应该建立以官学为引领、官学与私学并存的教育体制。官府应该把教育作为自身的职责，民间应该重视教育而鼎立多元。官学与私学双轨一心，互为补充，共同发展，以大一统的儒家学说教育蜀郡士人和民众，移风易俗，使蜀地在文化风俗上认同中原地区，在政治上提高对大汉朝廷的忠诚度，及时地给中央王朝提供一个以和平途径有效加强中央对地方统治的成功案例。

当此之时，文翁已界不惑，眼里的锋锐似乎在隐去，但眼光更加明亮，还多了暖意。整个人少了官气，越来越像一个老师。而且不是大事，他不坐公堂，不穿官服，更不佩长剑。通常穿着居家的长袍，在书房里处理公务或者读书。听大儿子士宏说，他的老师是一位宿儒，及门弟子就有二三百人。为了倡导尊师重教，文翁带了束脩，轻车简从去见士宏的老师，和其席地而坐，一边品茗，一边谈学校、谈教育。

文翁以为，无论什么学校，教学内容都应该根据社会需要和个人人格形成的需要两方面来确定。孔子是古今公认的教育家。他教学的主要科目有礼、乐、射、御、书、数等"六艺"，其基本教材是《诗经》《尚书》《仪礼》《乐经》《周易》《春秋》，并从文学、品行、忠诚和信实四个方面来教育学生。在这四个方面中，起码有三个方面与思想道德教育直接相关，可见孔夫子把道德教育放在了第一位，认为树人需要先立德。"行有余力，则以学文"，就是这个意思。

什么是道德？士宏的老师说，孔夫子关于道德的阐释围绕"仁"字展开，"仁"字在《论语》中出现了一百零九次。夫子认为，仁是每个人必须具备的修养，是做人做事的基本准则。仁的基本要求是"爱人"：爱亲朋，爱大众，爱国家。贯穿于仁的始终的是"忠恕之道"，即"己欲立而立人，己欲达而达人"，"己所不欲，勿施于人"；只有有德之人，才能畅通天下，即"德不孤，必有邻"。

文翁点头道，孔子在其修订的《春秋》之中，也反复强调了德的重要性。据《春秋左氏传》载，在召陵之盟时，面对齐桓公的威胁，楚国使臣屈完说道："您如果用德行来安抚诸侯，谁敢不服从？您如果使用武力，楚国会将方城山当作城墙，将汉水当作护城河，您的军队虽然多，也没有什么用！"再如，郑国子产生病了，对将要继位的儿子太叔说："只有有德的人才能用宽大的政策让人民信服，其次才是用严厉的政策。"伍子胥也曾对吴王说："树立德行越多越好，祛除疾病越彻底越好。"甚至，在晋楚城濮之战中，楚王对申叔与子玉说："不能同有德的人为敌。"可以说，以德服人是《春秋》的核心思想之一。

怎样修养仁德呢？士宏的老师认为，一要有好仁之心，二要能持之以恒。所以，《礼记·大学》开宗明义便是："大学之道，在明明德，在亲民，在止于至善。"这句话的意思是，一个人长大后，学习伦理、政治、哲学等学问的宗旨，在于弘扬光明正大的品德，在于使人能够弃旧图新，使人能够达到最完善的境界。

文翁认同这个观点。他心里已有主张：将来郡学的教育方针即应该是"以德为先"。

从此之后，文翁到所属各县去巡视，每次都要看学校。也许由于经费支绌，也许因为老师的号召力不够，不少学校规模较小，学生少至数人、十几人不等。他们同在一个讲堂里读书，有刚发蒙的儿童，也可能有十几岁的少年，还可能有年华正茂的青年。年龄差别这么大，同处一室，让老师怎么教？名师开讲的时候，又是另外一番景象。听讲者上百人甚至数百人。即使是讲《论语》，听众之中，有的约有心得，有的接近精通，甚至有的尚未通读，老师讲什么才能让大家全都有收获呢？

因材施教是必须的，但因材施教也要讲究效率。不然，就像士宏所在的学馆那样，老师教大弟子，大弟子教二弟子，二弟子教三弟子，但是，这样能够保证教育质量吗？用什么办法才能适应形势需要，较快地培养出大批优秀的人才呢？

文翁问计于学官掾史。学官掾史办过学馆，深知其中甘苦，毫不犹豫地回答了一个"分"字。文翁理解，他的意思是既办书馆、塾馆，又办经馆，因材施教。显然，这个办法也不大可行。蜀郡没有这样大的财力，时间也等不起。不过，学官掾史的这一个"分"字，给了文翁启发。为什么一定要从娃娃培养起呢？郡学要起引领作用，就应该是蜀郡的最高学府，不妨只办经学，择天下英才而教之。学生的年龄、文化程度、理解能力相近，教师就可以在同一个讲堂里，同时对众多的学生讲解同一本书、同一个问题，尽快出人才的问题不就迎刃而解了吗？

　　文翁决定，首先培养一批教化蜀地、诱进蜀风的骨干人才。这批人不一定要多，但必须优秀。他们将来便是蜀郡郡学的教授、郡属各县的主要官员。这批人不需要自己报名，更不是来者不拒，应该择优录取。由郡府到郡属各县去挑选小吏中那些"开敏有材者"（《汉书·循吏传》），即那些思维灵活、反应敏捷、智力较好、有相当才华、有一定儒学基础的人，把他们集中到成都来学习。而且不是短时间，不是浅尝辄止，而是长时间刻苦钻研，甚至请名师来教，不达目的决不罢休。法令当然要学，将来处理政务不懂法不行；但要以学习儒学为主，因为儒学正在逐渐成为汉代先进思想文化的代表，蜀地世风受到儒家学说的浸润，才能渐渐改变落后面貌。

以儒学滋养化蜀精英

文翁的这些想法，本质上便是兴学弘儒，以儒化蜀。然而，西汉之初，从汉文帝到汉景帝，以及历任丞相无不尊崇黄老学说，坚持施行"无为之政"，恢复了经济，全国出现了繁荣兴盛的局面。在这个时候兴学弘儒、以儒化蜀，能得到朝廷的宽容与许可吗？会不会因此而受到责罚呢？学官掾史忧心忡忡，犹豫再三，说出了五个字："符合时宜否？"

文翁再次陷入了深深的思考之中。

这是十分严肃的问题，必须谨慎。

黄老之学为黄帝之学与老子之学的合称，是华夏道学的一个分支。它形成于东周战国时代，盛行于西汉时期，既有丰富的理论性，又有强烈的现实感。黄老之学兼容并包，认为"治道贵清静而民自定"（《史记·曹相国世家》），主张君主治国"无为而治"，掌握政治要领即可，因势利导不要作过多干涉，还主张省苛事，薄赋敛，勿夺民时。这些主张受到汉文帝、汉景帝赞赏，主要大臣萧何、曹参、陈平等亦"好黄老之学"，施"无为之政"。文翁想，以黄老学说治国是为了"治"，在蜀地兴学弘儒也是为了"治"，两者目标一致，可能不会发生太大冲突吧。

何况，文帝、景帝两代虽然是黄老政治的辉煌时期，但至景帝之时，黄老政治的消极作用已充分暴露出来了。统治者们争相偷安，不思进取，社会上网疏民富，役财骄溢，有可能导致豪党之徒以武力称霸乡曲。而且士公卿大夫以下，争于奢侈，室庐舆服僭于上，没有限度。绝大多数地方官创新管理的动机相当微弱。文翁通过"兴学"来教化民众，运用儒学来移风易俗，进行地方管理改革，实在是利国利民的创举，应该是景帝与朝廷乐于见到的事情。

同时，秦朝灭亡，给黄老思想盛行开辟了道路，也给儒家思想复兴提供了机会。汉初，儒家思想复兴的代表人物陆贾，总结秦代覆灭的历史教训后，首先向刘邦提出"攻守异术"的建议，述存亡之征，作十二篇献上。每奏一篇，"高祖未尝不称善，左右呼万岁，号其书曰《新语》"（《史记·郦生陆贾列传》）。《新语》的中心思想是儒家仁义德治思想，指出汉朝廷应该根据"守"的要求，以儒家学说作为社会政治的指导思想。儒家思想复兴的另一位代表人物贾谊，对当时诸侯割据的危险形势进行分析时，在他的对策中既充满儒家的仁义情谊，不纯以利益为计，又有法家的深谋远虑、严刑峻法；在他的礼治思想主张中，礼是与法制、威严相结合的。这说明，春秋时代的思想家孔子提炼出的一整套儒家理论体系，包括政治理论、伦理道德等，到了西汉初期，已经表现出了与法家相融合、兼收道家的趋势，或者以法家的精神理解儒家的仁义礼制，或者在儒家思想中渗透法、道两家的思想观点。从大趋势看，儒家学说正在由式微而逐渐向显赫的时代发展，逐渐成为华夏传统文化的内核。秦代法家思想独领风骚，汉初黄老学说大放光彩，不久之后儒学应该会脱颖而出。这一点有识者都能够看见。

另外，大汉有根据不同习俗采取不同政策的先例。汉高祖刘邦曾经接受和容忍不同习俗并存的局面，西部地区设郡县"奉汉法以治"，东部地区则立王国从俗而治，并制定了相应的律令制度。这种东西异制、郡国并行、法俗兼存、秦楚杂糅的局面就是刘邦、萧何留给后人的一份宝贵遗产。

文翁也想到了晁错。但他相信，自己与晁错不同。两人同为改革，晁错削藩是用强制手段削夺藩王的封地，操之过急致使矛盾激化，铸成大错；现在以儒化蜀，虽然也会触及许多人的利益，但是用的是和平渐进的办法，通过教育改变人们的价值观，应该不会激发剧烈的矛盾。

孔子认为："中人以上，可以语上也；中人以下，不可以语上也。"（《论语·雍也》）这句话是说，对于中等才智以上的人，可以和他谈论高深的道理；

对于中等才智以下的人,不可以和他谈论高深的道理。文翁认为,自己与孔子的做法不同之处在于,准备把具有中等才智以上的一部分人集中在郡府里,同他们谈论比较高深的道理,这有何不妥?

文翁是自信的。毕竟他是一郡之首,主管蜀郡政治、经济、军事、文化等全部事务,集人、财、物、司法等责任和权力于一身,现在要选几个青年才俊来陪着自己读书理政,这不是在自己的权力范围之内的再平常不过之事吗?有什么"不合时宜"呢?

汉景帝中元(前149年—前144年)初,文翁行动了,拉开了"兴学"开创阶段的帷幕。

《汉书·循吏传》记载:

(文翁)仁爱好教化。见蜀地辟陋有蛮夷风,文翁欲诱进之,乃选郡县小吏开敏有材者张叔等十余人,亲自饬厉,遣诣京师,受业博士,或学律令。减省少府用度,买刀布蜀物,赍计史以遗博士。数岁,蜀生皆成就还归,文翁以为右职,用次察举,官有至郡守、刺史者。

《华阳国志·蜀志》记载:

孝文帝末年,以庐江文翁为蜀守。……

是时世平道治,民物阜康。……翁乃立学,选吏子弟就学,遣隽士张叔等十八人东诣博士,受七经,还以教授,学徒鳞萃,蜀学比于齐鲁。

文翁在郡县小吏中,择优选拔了十余个聪明、敏捷、有才能的年轻人,集中到成都,亲自诫诲与勉励。文翁具有"吏"和"师"的双重身份,这在汉代地方官吏中是常态,本不足为奇。但文翁这个"吏"却遵循的是孔门"先富后教"的理念,一方面履行郡守的职责,承担强化政治秩序的责任,导人以富;另一方面则做大量的教化工作,示人以教,是一位名副其实的儒师。

文翁亲自给招回来的弟子们授课，讲授了儒家经典《春秋》中王孙满对楚庄王的故事。他讲，当年，继晋文公称霸之后，南方的楚国逐渐强大。有一次，在与周王室的直接对话中，楚庄王竟然咄咄逼人地询问鼎的轻重和大小，染指王权之意暴露无遗。作为周王室的代表，王孙满不卑不亢地回答："德之休明，虽小，重也。其奸回昏乱，虽大，轻也。天祚明德，有所底止。……周德虽衰，天命未改。鼎之轻重，未可问也。"这就是说，如果道德美好，鼎虽然很小，但实际却很重。如果奸诈昏乱，鼎铸得再大，实际也很轻。上天赐福给道德美好的人，也是有时限的。……周的德行虽然衰败了，但天命没有更改，鼎的轻重，还不能问啊。就这样，机智的王孙满以周能王天下在德不在鼎的道理，叫野心勃勃的楚庄王铩羽而去。

然而，文翁毕竟是蜀吏之首，事务繁多，没有那么多时间授课。蜀地儒学人才有限，精通儒家经典的人更少，需要文化教育发达地区的支持和帮助。京城长安文教最发达，那里虽然还没有太学，但是有知识渊博的五经博士。虽然博士是朝廷为皇帝咨询而设，起顾问的作用，没有教学义务，但私下带几个弟子还是可以的。文翁想到了自己的恩师，恩师便是资深博士之一。而且凭着恩师在京城的良好人脉，不就能让蜀郡的弟子们学习到当时代表先进文化的儒家经典了吗？于是文翁修书陈情，获得了远在京师的老师和博士们的大力支持。文翁借此把张叔等十八人遣送到长安，跟从博士学习儒家经典，或者学习法律政令。

京师的博士们之所以愿意教，首先是出于道义，出于对边远地区文化建设的扶持与赞助，但是如果要持久，接下来必须采取必要的教育管理措施。文翁深谙此道，定期送刀、帛、锦等蜀地土特产给博士们，使其能尽心教授，而资金则来自对蜀郡行政开支的缩减。这一点，应该是文翁作为"吏"、作为蜀郡太守的高明而凌厉的手段。减缩行政开支的政令一出，竟一箭而三雕：既支持了兴学，又树立了郡府节俭的形象，更对蜀地富豪们的奢侈恶习给予了警告。

文翁以公帑派学士赴京师就读私学，等于蜀郡到京城去办了一所非正式的高等学校，为蜀郡培养高端人才。老师们本是吃着皇粮的博士，蜀郡以土特产充作非正式的薪俸，巧妙地使两者之间没有了违和的感觉。有意无意之间，提前二十余年为汉武帝开办太学进行了一次可行性试验。这样一种超越体制和时空的"神操作",需要高超的政治智慧与过人的勇气和魄力,当然还需要文翁青年时代在长安的游学经历,以及他的人脉和个人的人格魅力。

  数年之后,文翁派遣到京师的弟子们学满归来,文翁委以重任,让他们担任郡中的重要职务,并相继通过察举等途径,把他们推荐给朝廷,有的官至郡守或者刺史,解决了弟子们的出路问题,也在蜀地营造出了"学而优则仕"的氛围。这个做法是极为重要的,符合人们"趋利"的人性需求,对小农经济时代的一般民众诱惑力不小;也直接与读书人的出路相关联,对读书人的激励深远而持久,诱导着后来一代一代的学子努力向学,追求"读书做官"的梦想。

遣京之十八隽士辨

文翁在兴学的第一阶段,把从蜀郡各县招来的十八位青年才俊"遣诣京师,受业博士";数年之后十八隽士全部学成,全部回蜀,或为官吏,或做老师,为蜀地教化效力。无疑,这是一桩佳话,本当详细记载,但是很遗憾,翻遍现在可以找到的史料,没有发现文翁派出的这十八个年轻人的完整的名单。

提名比较多的是明嘉靖二十年所修之《四川总志》,其卷四《成都府·名宦》称:文翁"又择其美者十余人,遣之国学,从师讲论,如张宽之为循吏,相如、扬雄之擅长文章,何武之著忠义,皆其受学高第也"。这段文字明确地说张宽、司马相如、扬雄、何武等四人,均在文翁派遣去京师从博士学习的十八人名单之中。

是否如此呢?不妨一一加以甄别。

首先谈谈张宽。张宽又名张叔,据《汉书·循吏传》记载:文翁曾选"郡县小吏开敏有材者张叔等十余人,亲自饬厉,遣诣京师,受业博士,或学律令"。《华阳国志·蜀志》也载:文翁"遣隽士张叔等十八人东诣博士,受七经,还以教授,学徒鳞萃,蜀学比于齐鲁"。除此之外,《华阳国志·先贤士女总赞论》还有一段专门记述张叔的文字。其中有几句是这样写的:

  叔文播教,变"风"为"雅"。道洽化迁,我实西鲁。

张宽，字叔文，成都人也。蜀承秦后，质文刻野。太守文翁遣宽诣博士，东受七经，还以教授。于是蜀学比于齐鲁。巴、汉亦化之。景帝嘉之，命天下郡国皆立文学。由翁倡其教，蜀为之始也。宽从武帝郊甘泉、泰畤，过桥，见一女子裸浴川中，乳长七尺，曰："知我者帝后七车。"适得宽车。对曰："天有星主祠祀，不齐洁，则作女令见。"帝感寤，以为扬州刺史。复别蛇莽之妖。世称云"七车张"。作《春秋章句》十五万言。

这几句话的主要意思是：张宽，字叔文，成都人。被蜀郡太守文翁选中，派送京师从博士学习儒家经典，学成返蜀后担任郡学教授。张宽是文翁的学生和助手。他悉心传播文治教化，能把粗俗的民风变得高尚文雅，并能将文雅的风俗普及开来，让蜀郡像鲁地一样成为文化发达的地区。汉武帝时，张宽被征为博士。明天文灾异，是汉武帝信任的侍中。有一次，张宽跟从汉武帝到郊外的甘泉、泰畤祭祀时，得名"七车张"，官至扬州刺史。所著《春秋章句》，有十五万字。

这段文字中，还讲述了两个神异故事。第一个故事讲，汉武帝祭祀甘泉，至渭水桥边，见一女子在渭水中游泳，乳长七尺。武帝奇怪，问是怎么回事。女子说："帝后第七辆车上的那个侍中，知道我来自哪里。"张宽正好在第七辆车上，他回答汉武帝："她是天星，主管祭祀，祭祀者如果斋戒不洁净，长乳女人就会出现。"汉武帝猛醒，立即为自己的过失道歉，并采纳张宽的建议，焚香祭天，登泰山封禅。

第二个故事讲，张宽能辨别蛇一类的妖怪。传说有两个老翁争山地，官司打到州里，连年不能判决。张宽担任扬州刺史之后，这两个老翁又来打官司了。张宽仔细一看，发现他们并不是人，命令吏卒拿着戟杖抓住他们，问道："你们是什么妖精？"两个老翁化为两条蛇，仓皇逃走了。

根据《汉书》和《华阳国志》的这些记载，可以肯定，张宽不仅是文翁选送京师培养过的高足弟子，而且是有学问的能为老百姓做好事的循吏。

那么，何武呢？《汉书·何武传》载，何武，字君公，蜀郡郫县人。早年学习《易经》，举孝廉出身。西汉大臣，官至大司空、前将军等。汉平帝元始三年

（3年），受到诬陷，坐罪自杀，谥号韦剌。何武生年不详。但从何武卒年可以知道，文翁选送隽士去长安是何武死前一百四十多年前的事了，因而何武不可能是文翁选送过的人员。

扬雄，字子云，也是蜀郡郫县人。西汉辞赋家、思想家。少年好学，博览群书，长于辞赋，游历长安。汉成帝时，授给事黄门侍郎，修书于天禄阁。据《汉书·扬雄传》记载，扬雄于王莽天凤五年（18年）卒，年七十一。由此可以推知，扬雄应该生于宣帝甘露元年（前53年）。那时，文翁选小吏去京师学习之事过去了将近一百年。因此，扬雄也不可能被文翁选送赴京师受业。

最后谈谈司马相如。司马相如字长卿，名犬子，蜀郡成都人，少时好读书，学击剑。约生于公元前179年，卒于公元前118年，与文翁生活在同一个时期。而且，司马相如是大辞赋家、政治家，文翁是蜀郡太守，也是政治家、教育家，都是成都的知名人物，按常理推测，两人应该有过交往。《汉书·地理志》不是说"文翁倡其教，相如为之师"吗？《三国志》卷三八说得更加明确："蜀本无学士，文翁遣相如东受七经，还教吏民，于是蜀学比于齐鲁。故《地理志》曰：'文翁倡其教，相如为之师。'"这似乎是文翁选送司马相如去京师从博士学习的确凿证据。果真如此吗？请看《汉书·地理志》中的记载：

> 景、武间，文翁为蜀守，教民读书法令，未能笃信道德，反以好文刺讥，贵慕权势。及司马相如游宦京师、诸侯，以文辞显于世，乡党慕循其迹。后有王褒、严遵、扬雄之徒，文章冠天下。由文翁倡其教，相如为之师，故孔子曰："有教亡类。"

这段文字并没有说司马相如"游宦京师、诸侯"是文翁选送的。

那么，司马相如是怎样到京师而又客游诸侯的呢？据《汉书·司马相如传》记载：相如"以訾为郎，事孝景帝为武骑常侍，非其好也。会景帝不好辞赋，是时，梁孝王来朝，从游说之士齐人邹阳、淮阴枚乘、吴严忌夫子之徒。相如见而说之，因病免，客游梁，得与诸侯游士居，数岁，乃著《子虚之赋》"。由此可知，司马相如是通过"訾选"，即用家资买了个郎官，才去京师做官的。至于游梁,与诸侯游士相处,则是因为与邹阳、枚乘等一见如故,才借口有病,辞去官职而去了梁国,做了梁王的门客。这一切与文翁的选送毫无关系。

又据《汉书·司马相如传》记载,"会梁孝王薨,相如归,而家贫无以为业"。不过,司马相如在京师、诸侯游宦多年,曾为汉景帝的武骑常侍,又著《子虚赋》博得不小的名声,因而临邛县令仰慕他,邀请他去临邛,执礼甚恭。临邛富豪卓王孙、程郑等也以之为贵宾,亲自迎接,车马随行,设酒宴欢迎。

酒宴之上,满座的人都倾慕司马相如的风采。酒兴正浓之时,临邛县令上前,把一床古琴放到司马相如面前,谈道:"听说长卿喜爱弹琴,希望能够聆听一曲,以助欢乐。"

司马相如知道,卓王孙有个女儿叫卓文君,十分美貌,新寡在家,喜欢音乐,便佯装推辞不过,弹奏了一两支曲子,用琴声暗自表达对文君的爱慕之心。卓文君从门缝偷偷看去,见司马相如仪表堂堂,文静典雅,心中非常喜欢。宴会完毕,文君乘夜逃出家门,偷偷跑去会见相如,两人便急急忙忙地私奔回了成都。

卓王孙大怒,不肯给女儿一分钱。相如和文君便一起来到临邛,把自己的车马全部卖掉,开了一个酒馆。文君亲自在垆前给顾客烫酒、倒酒,相如则与雇工们一起在闹市中洗涤酒器。卓王孙感到耻辱,不得已,只好听从友人劝导,分给文君家奴一百,钱一百万,还有她出嫁时的衣裳、被褥和钱财物品。于是,司马相如带着卓文君回到成都,置买田地房屋,过上了富人的生活。

由此可见,司马相如"游宦京师、诸侯"回到成都之后,也没有与家乡的父母官文翁有过明显的接触和交往。试问此时,文翁在哪里呢?

据《汉书·景帝本纪》记载,梁孝王死于景帝七年(前150年)。也就是说,此时文翁已经在蜀郡守任上,湔江水利工程接近尾声,决心改革蜀地教育,正在准备或已经开始挑选青年才俊到成都,进而遣送至京师从博士学习。

文翁会挑选司马相如吗?肯定不会。

司马相如愿意被文翁挑选上吗?应该也不愿意。

原因有四。第一,司马相如从来没有当过小吏,不在文翁选才的范围内。第二,文翁选拔的标准是"开敏有材者"。司马相如才华横溢、才高八斗,但是辞赋之才。文翁选的是吏才，是经营管理郡县地方之才。司马相如与文翁的选才标准不符。第三，志趣也不相投。文翁选送的人从长安学习回来是要做官吏的，辅助其教化蜀郡。但是司马相如（至少那时）觉得做官"非其好也"，志趣全在辞赋。既然景帝不好辞赋，文翁自然也不会挑选司马相如。第四，身份似乎也不大合适。司马相如上一次到京城做过武骑常侍，宫里宫外，殿上殿下，随侍在皇帝身边，虽然不完全符合心意，但也风风光光，令人羡慕。而且《子虚赋》传世之后，司马相如名扬四海，还有必要上京师再去做博士弟子吗？又没面子，又跌身份，还要离开温柔之乡，遭受别离之苦，情何以堪。

既然如此，《三国志》为什么说"文翁遣相如东受七经，还教吏民"呢？也许是受了《汉书·地理志》里"文翁倡其教，相如为之师"这句话的影响，产生了误读吧。"文翁倡其教，相如为之师"这句话里的"师"字，是指蜀人受司马相如"以文辞显于世"的影响，"慕循其迹"，师法相如走"学而优则仕"的道路；是说司马相如以自身为榜样，以身教引导蜀人由"好文刻"向"好文雅"转化。"文翁倡其教，相如为之师"这句话也表明，不管司马相如是否直接参与文翁"兴学"之事，他都是文翁的盟友，甚至可能受邀到石室文学精舍开过一两次讲座，或者与文翁石室的师生们有过对话和交流，但并不是说司马相如曾经被文翁选派赴京师学习，后又在郡学任过教，做过郡学教师。

文翁与司马相如，两大历史文化名人，曾经同时同在成都生活多年，应该有所交集。《史记·司马相如传》就记载，司马相如为中郎将，高车驷马，持节出使，到达蜀郡之时，文翁尚在任上，曾经"郊迎"司马相如于成都北门之外。但是，两人没有更深的交往，或者两人更深的交往没有见诸史册，这也算一个遗憾吧。

第四章 创办郡学 开宗立范

文翁创办蜀郡文学精舍的时间，在中国古代文献上没有留下准确的记载。但是，在历史文献中，可以确定的是蜀郡文学精舍开办于汉景帝时期，而公元前141年是汉景帝刘启在世的最后一年。

2019年，成都市石室中学纪念文翁兴学2160周年，是以一种谨慎的态度来纪念文翁首创官学，创办石室文学精舍。

石室讲堂　贵似丰碑

汉景帝中元（前149—前144年）时期，张宽等十八人在长安完成学业后返回成都，这标志着文翁"兴学"的第一阶段——开创阶段取得圆满成功。不过，文翁发现，用儒学改造蜀风的骨干力量和生力军，数量还是太少。异地培养这种看似巧妙的办学方式，成本高，不能持久。

怎么才能本土化、大批量、不间断地培养出治蜀所需要的人才呢？

只有自己动手开办学校。

正好，从京师学习归来的张宽等十八人可以"还以教授"，可以为蜀郡自己开办的学校组建一支由高端人才组成的师资队伍。毫无疑问，这为启动"兴学"的第二阶段——创办蜀郡文学精舍做了最为重要的准备。于是，文翁在成都城南修建讲堂、礼殿、学舍、校门以及两观，开办了中国历史上第一所地方官办学校。

《华阳国志·蜀志》载：

> 始，文翁立文学精舍、讲堂，作石室，一曰玉室，在城南。

唐颜有意《益州学馆庙堂记》载：

> 文翁作讲堂，左右开"温故""时习"二堂。

这里所谓的"文学"，即是儒学；所谓"精舍"，便是学校。文翁没有把蜀郡文学精舍设在郡府衙门里。在他看来，官府是官府，学校是学校。官府事务繁杂，变故频频，为了处理政务方便，自然设在城市中心。学校是读书的地方，需要安静，必须与官府分开，以保证学校少受干扰。几经勘察，最终文翁把官府南边靠近秦城的一片僻静之地选为了郡学的校址。

成都之秦城为张仪、司马错所筑，至汉景帝时，已有一百又数十年，城墙虽有颓圮，但仍如崖壁峭立。秦城南门内之西侧，地面坑坑洼洼，瓜蔓瓦砾，杂树丛生，人迹罕至。宋人李石为成都学官，出主石室，就学者如云，著有《府学十咏》，其中《秦城二绝》之一称："泮林堂后面峥嵘，不道诗书恨不平。瓜蔓深坑余鬼哭，此间学校倚秦城。"不必说，"秦城"成了确定文翁所办蜀郡文学精舍地理位置的重要参照物之一。

石室是文翁为蜀郡修建的第一座标志性建筑。为了满足不同学生、不同课程上课的需要，文翁率人建了两座讲堂，而且全用玉石、花岗石等石料筑成，故称石室（又叫玉室）。左边的一座名叫"温故"，右边的一座名叫"时习"，明确宣示了学校的儒学身份。"温故"出自《论语·为政》："子曰：温故而知新，可以为师矣。""时习"出自《论语·学而》："子曰：学而时习之，不亦说乎？"文翁这是在用先师孔子的话，时刻提醒和勉励师生。

为什么讲堂要用石料来修筑呢？中国古代，石室是珍藏图书、档案的重要馆舍。文翁一改旧例，把讲堂修成石室，把它作为传道授业的地方，显然有尊师重教的意思。把石室作为教室，无形之中增加了师生的庄严感和神圣感。学生家长及老百姓看见了，荣耀与尊重之情油然而生。同时，石室用石料建造，又经雕琢，特别坚固，不惧火烧，不怕水浸，可长留于天地之间，正与教育为千秋万代之业的意思相吻合。

经过一个寒暑，金秋时节，两座石室同时竣工。这是一个喜庆的日子。清晨，文翁沐浴更衣，穿上了官袍，戴上了眼前垂有三旒的简化的冕。冕旒是礼冠中最重要的一种。据《周礼·夏官·弁师》载，天子之冕十二旒，诸侯九，上大夫七，下大夫五。文翁为石室竣工戴上冕冠，可见在他心中，这是一件十分庄严的大事。

文翁曾经多次到郡学工地视察，从来都是步行。但是，这一次他坐上了马车。马车辚辚地从成都大街上驰过，仿佛是在向驻足凝视的人们宣告着，一个新事物即将诞生。

蜀郡文学精舍门口，学官掾史带着郡学的行政人员，以张宽为代表的郡学教授带着新招来的弟子，分列校门两侧恭迎文翁。文翁下了马车，整理衣冠，拱手为礼，然后安步进入学校。他看见弟子们一个个朝气勃勃，禁不住手拂髭髯，面露微笑。

精舍里，两座崭新的石室东西并列着，由大块的花岗岩砌成，坚固而敦厚。文翁走进了其中一间，只见石壁上挂着一幅孔子像，像下代替祭桌的书案上陈列着祭品，弟子们排列成行，于是文翁上前，带着大家叩拜。

礼成之后，在学官掾史的引导下，文翁来到了另一间石室。这一座石室里，靠北放置着一张长方形的讲台，高尺余，上有坐席。讲台上方，设有方格形器物，叫作"承尘"，以遮挡屋顶可能掉下来的灰尘。文翁登上讲台，双手交置于前，盘膝危坐，眼神严肃而安详。行政人员、教授与弟子徐徐进入，对着讲台分三行跽坐于毯席之上。他们头戴一般文士常戴的爵弁（一种冠），穿着长裳，毕恭毕敬地，双手捧着简策；有的腰带上系有书刀，以便及时改正简策上的错误。

文翁开讲了。这是石室讲堂竣工后的第一堂课，也是蜀郡文学精舍开学的第一堂课，具有重要的历史意义。这一堂课上课时的情景，被一尊汉代画像砖生动形象地刻画下来。这一尊汉代画像砖，于20世纪50年代在成都市北郊发现，现存于四川博物院，有人称之为《石室讲经图》，有人称它为《文翁传经图》。

文翁在蜀郡文学精舍的第一堂课上讲了什么呢？未见记载，不得而知。但文翁一定讲了儒经。可能讲了《论语》中的"温故"与"时习"。因为这是那一天新落成的两座石室的名称，它们也是儒家所提倡的学习方法。所谓"时"，不只是及时、时时、经常不断的意思，还包括适时、合理、有度的要求，即在学习中要遵循时序的规律，把握好时机，恰当地安排温习、练习、实习的时间、次数和分量。早不当，晚亦不当；过时非也，不及时亦非也。那么"温""习"之所谓

汉画像砖《石室讲经图》拓片（四川博物院藏）

"故"是为何物？"故"一为文本形式的古代的典籍，即《诗》《书》《礼》《易》《春秋》等；二为非文本形式体现在社会行为中的礼仪、习俗知识，即孔子所强调的闻见之知。所以"时习"便是"温故"。通过检读前言往行，纠过扬善，增益德性；通过温习旧知，缘旧察来，增长新知。这种由孔子总结出来的"温故而知新"的学习方法，一直沿用至今，仍为学人重视与推崇。

讲课完毕，文翁来到两座石室之间，让人眼前一亮的是，这儿新植有几株青翠的幼柏。文翁上前，一一为之浇水。这些翠柏到唐代还在。唐代诗人裴铏《七律·题石室》有句称"古柏尚留今日翠，高岷犹霭旧时青"，便是证明。不过此柏已不再是幼柏，而是参天入云的古柏了。到了宋代，古柏至少还剩两株。诗人李石在《府学十咏》里两次提及。第一次提到是在《石室》诗中，有句云："祠前二古柏，外干中不萎。"第二次则是以《古柏》为题作了两首七律。其序信息量较大，全文如下：

> 东坡先生《送家安国教授归成都》云："苍苔高朕室，古柏文翁庭。"事见《成都古今记》。赵次公详其事于东坡诗注。有妄庸人请于府，恐坏屋，欲去之。石曰：屋坏可修伐，此柏不可复。且祠广，古迹林木，条禁甚明。举东坡柏堂诗争之，得全。石欲作铁索绊之，以防风雨之暴，未果，仅能累石作笼固足。

这序这诗，诗人力陈，千百年来，古柏经历了数不清的世事，遭受了数不清的折磨，虽然表皮枯槁，但仍生机勃勃，挺拔青翠。其实，诗人没有说出来的话是，石室何尝不是如此。坚韧不拔，初心不改，这就是石室精神。

这些诗还说明了，文翁石室在唐宋时已经是名胜之地。唐代诗人章孝标的七律《上西川王尚书》之首句，"人人入蜀谒文翁"，说出了一个历史事实：历代诗人名士入蜀之后，无不拜谒文翁石室，许多人还留下了名篇佳作。唐代诗人卢照邻有《文翁讲堂》一首，其诗云：

> 锦里淹中馆，岷山稷下亭。空梁无燕雀，古壁有丹青。槐落犹疑市，苔深不辨铭。良哉二千石，江汉表遗灵。

所谓"淹中"是春秋时期鲁国的一个里名，在今山东曲阜。"淹中馆"即淹中的塾馆，借指儒家的学术中心。"稷下亭"是战国时齐威王在国都临淄城（今山东淄博）稷门附近设立的学宫。稷下学宫是世界上第一所由官方举办、私家主持的高等学府。中国学术思想史上那一场蔚为壮观的"百家争鸣"，就是以稷下学宫为中心进行的。稷下学宫兴盛时，诸子百家中几乎各个学派，以及天下贤士千人左右，包括孟子、荀子等，皆汇聚于此，自由争辩、诘难与吸收。

卢照邻把石室比作淹中和稷下，是对石室的高度评价。他认为石室和淹中、稷下一样，已成为中国的文教圣地，犹如曲阜淹中里，经史满堂，犹如齐国临淄稷下，学士荟萃。

宋之后，文翁石室屡经战乱兵燹，逐渐坍塌。但是人们仍然珍视它，把它尚存的每一块石头都视之为宝贝，称之为"爱兹石"。元人张光祖为文翁石室的残石题诗一首，名为《题学宫爱兹石一端诗》，诗曰：

爱兹石一端，质直复洁婉。矩度无偏颇，规模得易简。试问所由来，父老言笑莞。此物非有奇，石室旧方限。噫嘻兹石方，曾经文翁俯。劫火几子遗，若木独完产。冲穆尚赫喧，疏越犹瑟僩。上下千年余，太守能识拣。我闻高自标，自不入俗眼。我闻牧自卑，自不逢时僴。吁嗟都人士，为爱兹石撰。君不见芙蕖石室肇文翁，蜀士彬彬邹鲁风。一线常存吾道力，千秋永祝表章功。当年典籍兴治化，此日追扬厉学官。仰止高山无限意，萧条竖立法堂中。

这首诗讲，有一块"爱兹石"，洁白而婉丽。它来自哪儿呢？它并没有来自什么特别的地方，它是石室旧门槛上留下来的残石。这一块"爱兹石"，曾经因为文翁而名扬天下。几度遭劫，被战火焚烧，但它像昆仑山极西处的神木一样，完好无损。淡泊而显赫，粗疏而辽阔，虽然制作粗糙，不合时尚，但仍庄严地屹立在那儿。经过一千多年了，自认为品格甚高，不入俗人眼。但是有识之士，都喜欢保存它。当年文翁兴学化蜀，功在千秋。现在看见这一块文翁石室旧门槛上留下来的残石，有"高山仰止"般无限的敬意。诗人对文翁石室感情深厚到如此，令人感动不已。

由此可见，文翁所建之"石室"已经不只是一座讲堂，它是文翁办学的代名词，它是中国文化圣地之一，它是中国每一个学人心中的丰碑。

俎豆礼殿　立德树人

文翁创立蜀郡文学精舍修建的第二座标志性建筑是周公礼殿。

既然蜀郡文学精舍的教育方针是"以德为先",那就应该落到实处。

文翁认为,人的思想品德虽然摸不着,但是看得见。一个人的言行举止,或温文尔雅、善良恭俭,或粗俗不堪、邪恶霸道,举目可见,难遁其形。如果要培养一个具有良好思想品德的人,单靠读书、坐而论道,可能困难,还要依靠持久的养成。而演习礼仪,便是一种养成教育。所以,《文献通考》云:"文王世子曰:'凡学春官,释奠于先圣、先师。秋冬亦如之。'又曰:'凡始立学者,必释奠于先圣、先师。'"这句话是说,中国古代凡是创办学校之时,或者春、秋开学之际,学校都要先行祭奠先圣和先师。在祭奠的礼仪中,以先圣先师为榜样,对学生进行思想品德教育。

文翁参加过无数次祭祀活动。一个人置身于空旷、静寂的礼殿里,虔诚地站在先圣、先师的画像或者牌位前,便会产生一种身心空灵的感觉,仿佛灵魂都在被一点一点地净化着。

文翁感觉到,祭祀就是一座桥梁,能够让人与天地祖先产生"交感"。而教育的本质不就是"心灵相通"吗?这种庄严、肃穆并具有神秘色彩的祭祀仪式,本身便充满了教化的意味,让后人在潜移默化中继承被祭祀者的嘉行懿德。所以,《礼记·祭统》云:"凡治人之道,莫急于礼;礼有五经,莫重于祭。"也就是说，一切治民的措施，没有比礼更重要的。礼共有五大类（吉礼、凶礼、宾礼、军礼、嘉礼），而祭礼（吉礼）最为重要。

然而在西汉，一般学校并没有祭祀的场所。祭祀孔子，是从孔子去世的第二年（前478年），鲁哀公下令在曲阜孔子的旧宅立庙之后开始的。孔子在世时的居室被弟子们奉为"庙"，孔子生前的衣、冠、琴、车、书也被奉于其中，岁岁奉祀与祭拜。孔子子孙以家学相承，自为师友，在孔庙里学习礼乐文化。学在庙中，庙中有学，"庙学合一"初显端倪。但是，这些全属私家行为，在此后的三百多年时间里都未能走出阙里（孔子居住地）。

为什么不在蜀郡文学精舍里修建一座礼殿呢？让学校有堂有殿，亦学亦庙；让弟子们经常在礼殿里演习祭礼，像读经一样，学而时习，温故知新，纠过扬善，增益德性，这样"立德树人"的办学目标不就可以落到实处了吗？

文翁的这些想法，得到了长吏、学官掾史和金曹掾史的拥护。按照文翁的指示，金曹掾史多方筹集资金，在石室讲堂开工不久，便在石室东边不远处动工修建礼殿。石室讲堂竣工启用之时，礼殿也已基本成形。低屋方柱，殿阔堂宽，巧异特奇，制式甚古。只是殿内的装饰和布置尚未完成。

在文翁之前，中国古代学校里祭祀的人选并没有固定，也没有确定的"先圣先师"。《周礼·大司乐》说："凡有道者、有德者，使教焉，死则以为乐祖，祭于瞽宗。"这是说，凡是有道艺、有德行的人，让他们在学校任教，死了就奉之为乐祖，在学校里祭祀他们。又云："此之谓先师之类也。若汉，《礼》有高堂生，《乐》有制氏，《诗》有毛公，《书》有伏生，亦可以为之也。"其意为：高堂生、制氏、毛公、伏生等人，皆可以称之为"先师"。《孔僖传》载："帝还过鲁，幸阙里，以太牢祠孔子及七十二人，作六代乐。"其实，这一次陪祭的七十二人，只是一种临时安排，其人选并没有成为定制。

那么，在蜀郡文学精舍新建的礼殿里，应该以什么人为主要的祭祀对象呢？

蜀郡文学精舍是中国第一所地方官办学校，在其校园里修建的礼殿，是中国最早由官方修建在学校里的祭祀场所。因此，石室礼殿以谁为名，以谁为主要祭祀对象，就有了官方性质，具有一定的权威性。然而，文翁似乎胸有成竹。没有任何犹豫，他主张将礼殿命名为"周公礼殿"，主祀先圣周公与先师孔子。

周公姓姬名旦，周文王第四子，武王之弟，因采邑在周地（今陕西凤翔），故称周公。周公辅助武王灭纣，建立周王朝。周武王死时，成王年幼，于是周公摄政。管叔、蔡叔、霍叔联合殷商后代武庚和东夷反叛，周公率师东征，平定叛乱后大举分封诸侯，营建成周洛邑（今河南洛阳）。相传周代的礼乐制度，均为周公所制定。他主张"明德慎罚"，以"礼"治国，并且一生礼贤下士，尊重贤能之人，善待来者。

孔子名丘，山东曲阜人，是中国古代伟大的教育家和思想家。孔子一生推崇周公，向往周公之事业，盛赞周公之才华。他曾云："甚矣吾衰也！久矣吾不复梦见周公。"孟子第一个称周公为"古圣人"，将周公与孔子并论。荀子以周公为大儒，在《荀子·儒效》中赞颂周公的德才。西汉民间，在学馆的祭祀活动中，逐渐有了以周公为先圣、孔子为先师的共识，只是没有得到朝廷的确认。

文翁在蜀郡文学精舍里修建礼殿，并以周公为名，主祭周公和孔子，寄托了文翁的全部教育情怀。一方面他将以周公礼殿为"礼""乐"等课程的教学演习场所；另一方面，更主要的是，他希望弟子们崇拜周公和孔子，先成为先师门下的虔诚弟子，将来同周公一样成为辅佐天子的忠贞不贰之重臣。文翁希望通过周公礼殿把教学功能与祭祀功能结合在一起，"庙校合一"，让蜀郡文学精舍既是知识的殿堂，又是师生的精神家园。

文翁的这一主张得到了蜀郡官员、郡学教授以及乡绅们的一致赞同。同时，部分官员和乡绅建议，在周公礼殿中，还应该祭祀"三皇五帝"。

何为"三皇五帝"？中原人的理解与蜀人的理解是有区别的。巴蜀地区的"三皇"，最早见于战国史书《世本》及西汉《蜀王本纪》，指的是天皇、地皇、人皇。巴蜀的"五帝"，《蜀王本纪》称"五主"，即蚕丛、柏灌、鱼凫、杜宇（望帝）、鳖灵（开明）。中原地区的"三皇"出现于西汉及其以后，《尚书大传》称为伏羲、燧人、神农。还有一些其他的说法，如伏羲、神农、黄帝，等等。中原地区的"五帝"亦如此，《大戴礼记·五帝德》称为黄帝、颛顼、帝喾、尧、舜；《吕氏春秋·尊师》称之为神农、黄帝、颛顼、帝喾、尧（舜），等等。

那么，在周公礼殿里，是祭祀中原的"三皇五帝"，还是祭祀巴蜀的"三皇五帝"？

"三皇五帝"是中华民族圣贤崇拜和祖先崇拜的集中体现。古蜀国时古蜀人有自己的崇拜和信仰，无可厚非。但是，全国统一之后的蜀人，把谁请进礼殿以供祭祀和崇拜，这就是认祖归宗、宣示信仰的大事。不论中原人还是巴蜀人，都是黄帝的子孙。如果在周公礼殿里祭祀伏羲、神农、黄帝，也许可以算作是一种"诱进"，是促进蜀地与中原融合的一种努力。然而，作为政治家，文翁敏锐地感觉到还不能这样做，中原文化（儒家学说）在蜀地的普及和影响还不够大，有必要尊重蜀人的信仰。

《春秋左氏传》载，齐景公问晏子："和谐与相同，有区别吗？"晏子回答说："有区别。"晏子认为，和谐如同调羹。先王让"五味"调和，令"五声"和谐，于是政治平和，百姓没有争斗之心。这也就是《论语·子路》中所说的"君子和而不同"。文翁感叹于先师先贤们的政治智慧，决定谨慎行事，求"和"而暂时不求"相同"。

于是，文翁请来画家，在周公礼殿的内壁，画上了周公、孔子及其七十二弟子之像。李石有《礼殿》诗一首，开篇即云："蜀侯作泮锦水湄，先圣先师同此室。巍然夫子据此座，殿以周公名自昔。圣人两两如一家，均是周人先后出。"该诗形象地描绘出先圣周公与先师孔子"两两如一家"，同时在礼殿里共享祭祀的情景。

石室竣工之后的第二年，周公礼殿落成，文翁主持了第一次祭祀活动。

首先是斋戒。这是必要的预备性礼仪。即在祭祀前数日，准备参加祭祀的师生，均需沐浴，不御、不乐、不吊、不喝酒、不吃荤，以此表示诚信和致敬。这里的"荤"指葱、蒜、韭、姜等有刺激气味的菜蔬，以防祭祀时口里发出难闻的气息，造成对先圣先师的不敬。同时，祭祀者还要在斋室里，专心致志地思念先圣先师生前的居处、笑语、志意、所乐、所嗜等，并把祭祀的礼仪了然于胸。

行释奠礼之日，师生凌晨即起，盥洗更衣之后，鱼贯进入礼殿，面北排列成行。大家望着墙上周公和孔子的肖像，内心喜悦，仿佛是在春天里，万物复苏、阳气聚拢之时，将亲人迎回学校里来了一般。

先圣先师画像之下，放置着一张形状和几桌差不多的木俎，俎面四周有框边，足为方柱形，髹漆，并绘有花纹图案，十分精致。俎上盛放着全羊和全猪，称为"少牢"，另外还有醇酒和五谷，是为设荐俎馈酌而祭。

这时候，文翁已经早早地肃立在先圣先师的肖像下了。他静静地站在那儿，两手下垂，低眉顺眼，谦卑得就像一个追随在先圣先师门下的普通弟子。设置祭馔之时，文翁弓着身子，温顺地微笑着，勤谨地忙碌着，口里喃喃有辞，仿佛是在说着劝食之类的话语，殷勤地侍奉着先圣先师享用祭品。之后是三次献酒，即初献爵、亚献爵和终献爵，文翁三叩三拜，一丝不苟，毕恭毕敬。

祭礼即将结束的时候，一般要把牺牲分赐给祭祀者，叫作赐"胙"。这时候，文翁俨然又是先圣先师的助理了，让下属和弟子们庄严、恭敬地把赐胙捧在手心，将其看作是无上的荣耀和奖赏。

祭祀完毕，师生徐徐离开周公礼殿。作为主祭者的文翁，依然满怀思念地站在周公和孔子的肖像下，追思先圣先师。

学究七经　蔚然新风

文翁办学，谨遵儒家教育思想，在蜀郡文学精舍一共开设了三类课程。其一，讲授《诗经》《尚书》《仪礼》《周易》《春秋》《孝经》《论语》等七部儒家经典。文翁石室既然是儒学讲堂，"七经"当然是主要的课程。其二，为了教授祭祀之仪、揖让之礼以及日常生活及之后出仕的知识和技能的，"六艺"（礼、乐、射、御、书、数）自然是必修课程。其三，文翁石室的培养目标是把受教育者培养为具有仁爱之心的称职的官吏，那么"法令"课程一定要开设。

在这三类课程中，文翁最看重的是第一类课程。但是，学校内外有的学者对这一类课程的开设却有疑虑。他们认为，《诗经》《尚书》《仪礼》《周易》《春秋》才是"经"，《孝经》《论语》只是"传"，不能称为"经"。

这种情况，在文翁的预料之中。读书人都知道，经典是任何学说赖以开启和传承的核心载体，儒家经典体系的扩大或者缩小，自然不能轻易为之。孔子最早传"四经"，如《乐记》之"顺先王《诗》《书》《礼》《乐》以造士"。到了晚年，增加《易》与《春秋》，形成了"六经"体系。

孔子没有传授过《论语》和《孝经》，是因为《论语》成书于战国前期，《孝经》成书于秦汉之际。《论语》是孔子的弟子及再传弟子记录孔子及其弟子言行而编辑的语录文集，较为集中地体现了孔子及儒家学派的政治主张、伦理思想、道德观念及教育原则。《孝经》是孔子"七十子之徒之遗言"，阐述了孝道和"以孝治天下"的思想。这两本书还有一个共同的特点,那就是语言简约,浅近易懂,便于学习。

到了西汉时期,《乐经》已佚,故博士只传"五经"(《诗》《书》《礼》《易》《春秋》)。其实,博士们也讲授《论语》和《孝经》,不少学者还热心地为《孝经》作注。但是,中原的儒家学者认为,《论语》和《孝经》尚无称"经"的资格,只称其为"传"。"传"的地位明显不及"经"的地位。

然而,文翁的想法不同。他不仅是一位教育家,而且是一位政治家。他敏锐地感觉到,《论语》和《孝经》,尤其是《孝经》,具有十分重要的现实意义。

其一,《孝经》的渊源极深。人称"孝道"始于大禹。《孟子》称舜"至孝"。但舜只有孝行,没有形成孝的制度。禹则不同,他奠定了宗庙制度。孔子说:"禹,吾无间然矣。菲饮食而致孝乎鬼神,恶衣服而致美乎黻冕,卑宫室而尽力乎沟洫。禹,吾无间然矣。"(《论语·泰伯》)孔子说:"对于禹,我实在没有可非议的了。他的饮食很简单,但诚心祭祀鬼神(即祖先);他平时穿的衣服简朴无华,但祭祀时的礼服讲究华美;他住的宫室低矮简陋,却致力于修治水利。对于禹,我确实无可非议了。"

其二,孝道是儒家倡导的最根本的伦理。《孝经》"开宗明义章第一"说:"夫孝,德之本也,教之所由生也。""身体发肤,受之父母,不敢毁伤,孝之始也。立身行道,扬名于后世,以显父母,孝之终也。夫孝,始于事亲,中于事君,终于立身。"这些话,是当年孔子讲给学生曾子听的。孔子认为孝是一切德行的根本,也是教化产生的根源。所谓孝,最初是从侍奉父母开始的,然后效力于国君,最终建功立业,功成名就。这样,孝亲与忠君联系起来了,"忠"便是"孝"的发展与扩大,只要你想成为君子就应该把对父母的孝心移作对国君的忠心。由此不难看出,《孝经》和《论语》中极为丰富的伦理、道德内容,对于改变巴蜀地区的蛮夷之风,提高蜀民对中央朝廷的忠诚度,具有重要的指导价值。

其三,汉初君王均标榜"以孝治天下"。文翁所处的西汉前期,刘盈、刘恒二位皇帝,被后人称之为孝惠帝、孝文帝,谥号中均有一个"孝"字。而且,孝文帝孝敬卧病在床的母亲三年之久的故事流传甚广。这说明,先帝与当今皇上是多么强调"孝"啊。皇上们是想以"孝"为突破口,建立一套以"忠君"为核心的道德体系，以求长治久安。

何况数年时间，挖空心思，巧妙安排，"遣隽士张叔等十八人东诣博士，受七经，还以教授"（《华阳国志·蜀志》），好不容易培养了一支通晓"七经"的师资队伍，现在终于到了大显身手的时候，怎么能够不把"七经"课程开齐呢？

于是，文翁再次去到郡学，把师生们集中在石室里"亲自饬厉"（《汉书·循吏传》），为之讲解《孝经》和《论语》。

文翁娓娓道来，郡学师生听得认真。文翁的讲授结束了，师生们豁然开朗，懂得了"孝"在社会生活中的地位，"孝"在移风易俗中不可替代的作用。同时，也明白了，文翁把《孝经》与《论语》列为经学课程的良苦用心：一是教育教学的需要，采用最新的文化成果做教材，开设最新的经学课程，有利于培养新一代儒学人才。二是治蜀的需要，利用深入浅出的《论语》和《孝经》，使儒家的伦理道德观念迅速影响到巴蜀地区，改变尚存的蛮夷之风。三是现实政治的需要。孝文帝是当今皇上的父亲，文翁是蜀郡太守，他"上行下效"，跟着朝廷的大政方针走，是必然的。就这样，文翁只用了一招——提升《论语》和《孝经》的地位，在不知不觉之间，便占据了政治正确的"高地"。

当然，在实际的教学过程中，文翁开设"七经"课程并不是齐头并进地同时教授给学生。文翁遵照循序渐进的原则，把"七经"中内容深奥、辞约义富、学生比较难以掌握的《周易》和《春秋》放在高年级教授。

到了东汉时候，"七经"体系得到了普遍认可。郑玄"遍注群经"时，就对《论语》《孝经》作了注释。朝廷刻"熹平石经"也采用了"七经"结构（有《公羊》无《孝经》）。历史证明，文翁在蜀郡文学精舍突破"五经"体系，把《论语》《孝经》升格为儒家经典，站在了时代前列，为儒家经学的发展做出了积极贡献。

文翁石室　官学新章

文翁在成都城南筑石室，开办中国第一所地方官办学校，在古代史籍中有明确记载。

《汉书·循吏传》载：

> （文翁）又修起学官于成都市中，招下县子弟以为学官弟子，为除更繇，高者以补郡县吏，次为孝弟力田。常选学官僮子，使在便坐受事。每出行县，益从学官诸生明经饬行者与俱，使传教令，出入闺阁。县邑吏民见而荣之，数年，争欲为学官弟子，富人至出钱以求之。由是大化，蜀地学于京师者比齐鲁焉。

蜀郡文学精舍究其性质是郡级地方官办学校，不是贵族学校。因而在招生方面，不是只招收贵族和官吏子弟入学，而是"招下县子弟以为学官弟子"。据颜师古解释："下县，四郊之县，非郡所治也"。这就是说，文翁石室招生不限于成都市区，范围广大，包括蜀郡所管辖的十多个县，以保证有充足的优秀生源。而且，文翁石室择优录取新生的标准是"开敏有材者"。文翁石室的学位，在蜀民心中迅速变得崇高起来。

文翁石室择优录取新生，与汉代选拔官吏的察举制度，有部分相同之处。它们都是由行政长官在自己的辖区内择优选取人才。但是，经察举选取的人才，是要立即推荐给上级或中央，经过试用考核便要任命官职的。经文翁石室招生选取的人才，却不会较快地被授予官职，迎接他们的可能是长达数年的读书学习，最后考核，学业优秀者才能得到较好的任命。文翁办学择优招生的做法，似乎是在察举制度的"选拔"与"任用"之间，增加了一个"学习"的环节。这样做，在客观上，对克服察举制度业已出现的"任人唯亲"等弊端，似有一定的克制作用。

汉代蜀郡文学精舍怎样进行教学呢？文翁择优招收的学官弟子，在一年的固定时节，集中在石室讲堂里聆听教授讲经，或者在周公礼殿里演习礼仪，或者学习其他的知识和技能，更多时候则是由学官弟子自学。自学中有了心得或者有了问题，可以分别主动地到学官那里去问业和请教，也可以互相帮助和讨论。季末或年末由学官进行考核。

根据考古发现，西汉时期我国已有了麻质纤维纸，但是质地粗糙，且数量少，成本高，不普及，还没有用纸印成的书。因此，在文翁开办的文学精舍里读书，不仅要动脑筋，而且要做不少耗费体力的事情。首先要抄书，辗转传抄。一部《孝经》近一千八百字，一部《论语》近一万六千字，一部《左传》近二十万字，如果不停地抄，可能要抄得腰酸背痛、手指僵硬。其次，一般是用笔抄写在竹简上。如果一支一尺二寸长的竹简上平均写十五个字，一部《论语》就要竹片一千片以上。这些竹简，如果没有能力购买，完全由自己制作，其辛苦程度可想而知。其三，还得用麻绳将这一大堆竹片准确无误地连缀起来，然后才能开始诵读。而且，"韦编三绝"的情况必然会发生。所以，能够在汉代蜀郡文学精舍里坐下来静心读书，十分幸运，十分荣耀，也十分不容易。这些都是文翁少时经历过的，他以为，适度艰辛，有利成长。

在教学过程中，文翁的教学原则是书本知识学习与实践、实务相结合，注意为弟子创造实际锻炼的机会。文翁石室的学子在学有小成之后，即可进入蜀郡官府，进行实践历练，学习如何为官。实践内容有两项：一是"便座受事"，即日常办公。跟随文翁在郡府偏房里学习处理政务，并完成文翁交代的任务。二是"外出行县"，即跟随文翁外出巡视各县，宣扬教化，向百姓传达官府的政教之令。这些措施，使弟子们把书本知识与社会实践、实务联系起来，把"入学"与"入仕"连接起来，从而提高弟子们的学习积极性和自觉性。在与社会实际接触中，文翁的弟子们扩大了视野，增长了才干，为日后被补为郡县官吏或担任"孝弟力田"等乡官职务打下良好的基础。

与弟子们在一起，文翁感到愉悦，仿佛自己也变得年轻，仿佛看到了蜀郡的新风貌与新气象。文翁乐此不疲。那些经过挑选的粗通经书、品行端正的弟子们，意气风发地在郡府里参与公务，这本身就是一道从来没有过的靓丽的风景线，令蜀郡的年轻人和他们的父母们艳羡不已。自然，这是有意为之的，文翁不惜用高调曝光、现身说法的方式，教化蜀民，诱进蜀风，这需要多么大的决心与真诚啊！

树立榜样，激励诱导，是文翁重要的教育方法。文翁在周公礼殿内，绘画周公、孔子及七十二弟子像，岁时吉日，带着弟子到周公礼殿祭祀演礼，希望弟子们能够以周公为榜样，以孔子为先师，今后成为辅佐天子的忠贞不贰之重臣。同时，蜀郡文学精舍还把优秀弟子的姓名刻在石碑上，进行表彰，供大家学习。

文翁特别注意从物质与精神两方面激励弟子，这在弟子的"入"和"出"两个时间点上尤为突出。所谓"入"，就是弟子入学的时候。弟子入学的时候，文翁便动用郡守的权力为每一个弟子免除更徭。这不仅减轻了弟子及其家庭的经济负担，而且弟子从政治上似乎获得了某种荣耀，学习主动性一下子就被激发出来了。所谓"出"，就是弟子毕业离校的时候。弟子毕业时，作为校长的文翁，给弟子评定成绩，"高"或者"次"；作为郡守的文翁，给弟子授予官职，"高者以补郡县吏，次为孝弟力田"。这样，把"学而优则仕"变成了活生生的现实，对古代的读书人来说，这是一种不可抗拒的诱惑，其激励作用之大无与伦比。

汉代蜀郡文学精舍的办学规模有多大？宋代著名文学家欧阳修在《集古录·汉文翁石室题名跋》中说："右汉文翁学生题名凡一百有八人：文学祭酒、典学从事各一人，司仪、主事各二人，左生七十三人，右生三十人。文翁在蜀教学之盛，为汉称首，其弟子著籍者何止于此，盖其磨灭之余所存者此尔。"

应该指出，欧阳修的统计有不合理的地方。一是计算有误，总数是一百零九人，而不是一百零八人。二是统计不够准确。所谓"文学祭酒"是汉郡国文学官之首,"典学从事"是汉代的官职,总领一州之学政;"司仪"与"主事"也都是官名,前者是典礼时报告程序的人,后者是办事的小官吏。他们不应该计算在"学生题名"的总数之中。后来,四川资阳人、宋代成都学官李石,对欧阳修的说法有所修饰。他在《府学十韵·左右生题名序》中称:"西汉时诸生姓名,文学祭酒、典学从事各一人,司仪、主事各一人,左生七十三人,右生三十人,可考者仅百许人。亦载于欧阳文忠公《集古录》。"用虚数代替了确数,不可谓不巧妙。三是统计时限没有交代清楚。即这一百余人是一年(一届)学生的人数,还是数年(数届)学生的总数。当然,这也可能是《汉文翁石室题名跋》本身就有的问题。

因此,如果按照《集古录·汉文翁石室题名跋》中的统计资料,汉文翁石室的学生人数有一百零三人,这样的学生人数不能算少。第一,文翁石室毕竟刚刚创办。二十年后,汉武帝创办太学时,学生最初只有五十人。第二,正如欧阳修所说,这只是"磨灭之余所存者","固有漫灭不可考者"并没有在统计之中。第三,这只是学生"题名"人数,一般题名人数会少于学生实际的总人数。

在文翁有意识的提倡、奖掖之下,"重学"在蜀地蔚然成风,大家争着让自家的子弟成为学官弟子,以至于有钱的大户人家愿意出钱来买郡学的学位。于是,"非齐鲁诸儒风声教化之所被"的蜀地,儒学以星火燎原之势迅速传播开来。"一年而业,二年而儒,五年大成"(见宋代宋祁《文翁赞》),培养出了大批青年才俊。蜀风随之大为改变,由"好文刻"向着"好文雅"转变,爱好学习,以读书为荣,成为蜀地民风的主流。据《华阳国志·蜀志》记载,蜀郡文学精舍创办不久,与蜀郡毗邻的巴郡和广汉郡效法文翁,亦办起了文学精舍。

《华阳国志·蜀志》云:

> 学徒鳞萃,蜀学比于齐鲁。巴、汉亦立文学,汉景帝嘉之,令天下郡国皆立文学。

大约于汉景帝后元二年(前142年)冬,一个有暖阳的日子,文翁率领蜀郡百官，郊迎诏令于成都北门之外。文翁与其下属一百余人，身着官袍，北向跪伏于地。文翁激动地从心底呼出一声"谢恩"之后，从钦差手中接过了景帝的嘉奖令。百感交集的他，感激涕零，哽咽不能语。诏令两头有轴，文翁双手捧了，举于头顶，久久不能放下来。

第五章

鞠躬尽瘁　死而后已

　　一个人，一辈子，如果能够坚持做好一件于国、于民有益的事情，已经很不容易了。然而，文翁在他的前半生已经不辞辛劳且成功地做了两件大事，一是治理湔江，二是兴学化蜀，为蜀郡民众的福祉，为国家的"大一统"做出了卓越的贡献。令人崇敬的是，文翁在暮年时仍壮心不已，又任劳任怨地为开拓汉代的西南边疆做出了贡献。

天下郡国皆立文学

汉景帝末（前143年—前141年），刘启诏令天下郡国皆立文学，并嘉奖文翁，是因为文翁不辱使命，兴学化蜀，改变了蜀地文化落后的面貌，巩固了大汉王朝的根基之地。

景帝的这一诏令也标志着，文翁兴学的第二阶段——创办蜀郡文学精舍——取得了成功，达到了预期的目标。从此，文翁兴学进入第三阶段，即发展与推广阶段。

获得汉景帝嘉奖之后，蜀郡文学精舍迅速发展完善起来。文翁进一步加强学校管理，新措施规定，弟子入学一年即可参加考核，能通一种经书以上者，可以补充文学掌故的空缺，品第高的可以编入名册向朝廷呈奏或推荐。如果有弟子不重视学业，或者才能低下，以及不能精通一部经书的人，则对其进行罢免，另择优录取有才能的弟子。罢免了那些占据学位、只图"为除更徭"而不好好读书的人，郡学学风更加纯朴，弟子的学习自觉性和主动性也就更高了。

与此同时，文翁还广聘良师，扩大学校规模，尽可能地满足求学弟子的需要。据西汉《学师宋恩等题名碑》记载，蜀郡郡文学之掾史、经师有：《易》掾二人，《尚书》掾三人，《诗》掾二人，《礼》掾四人，《春秋》掾一人，文学掾一人，文学孝掾一人，孝义掾一人，文学师四人；《易》师三人，《尚书》师三人，师二十人。（据宋代洪适《隶释》卷十四）一般"掾"是学校中从事行政管理的官员，"师"则是经师。很明显，较之学校开办之初，教官增多了，这意味着郡文学生员有较大增加。所以，欧阳文忠公说，"文翁在蜀教学之盛，为汉称首"。

汉景帝诏"令天下郡国皆立文学"之后，其他郡县相继办起了官学。《华阳国志·蜀志》称："蜀学比于齐鲁，巴、汉亦立文学。"受到蜀郡文学精舍的影响，巴郡与广汉郡继蜀郡亦办起了学校。

到了东汉时期，随着汉朝廷一次又一次的兴学运动，蜀郡文学精舍办学经验的推广，出现了新的局面。首先是在蜀郡之内，办起了不同层次的官学。顺帝时，广汉冯颢为成都县令，成都县文学有学生八百人之多。（《华阳国志·蜀志》）章帝时，巴人杨仁为蜀郡什邡县令，为政宽惠，大兴地方官学，鼓励学官弟子读书学习。弟子中如果有通晓儒经的人，便委以重要的职务，或者上报给朝廷，于是义学大兴。（《后汉书·儒林列传》）又如，在永初之后，益州占据郡文学校舍为州文学，蜀郡便把郡文学迁到了夷里桥南岸。（《华阳国志·蜀志》）由此可见，至汉末，在成都地区，州、郡、县三级均开办了官办儒学，而且规模相当大，这在全国实属罕见。

其次，兴学教化之风逐渐影响到全国各地，不少地方设立官学的宗旨也与文翁相似，着眼点在于教化。第一步是扩大范围大量招生，增加平民入学的机会。第二步是树立积极"向学""慕学"的良好学风。第三步则是用良好学风促进整个社会风气向好的方向转化。例如，张霸为会稽太守，励精图治，兴立文学，学徒有一千多人，教化之风大行，人们走在路上都能够听见诵读诗书的声音。（《华阳国志·蜀郡士女志》）又如，李忠任丹阳太守时，为了改变丹阳"不好学，嫁娶礼仪衰于中国"的习俗，创办学校，教授儒家经典，讲习仪礼，春秋举办"乡饮"，丹阳郡中的老百姓羡慕不已，纷纷向之学习。（《后汉书·李忠传》）

另外，文翁在成都创立的石室文学精舍，社会教化作用显著，因此各地不论开办哪个层次的官办学校都以文翁石室为蓝本。即学校主要由两部分构成：一是"讲堂"，用来授经讲课，推行儒家学说；一是"礼殿"，祭祀孔子等先贤，践行礼乐教化。

文翁兴学之后，蜀地私学也有了新的发展。其中，讲授经学的学校，有临邛胡安继续在白鹤山以教授生徒为业；有博学多识、特爱古学的林间翁孺在临邛办学，扬雄曾从其教；有严君平于成都市中讲授《老子》和《易经》，慕名而来的扬雄又以之为师；有任安"门生盈门"于绵竹，他拿出自己的钱财帮助生活困难的学生，其徒"杜微、何宗、杜谅皆名士至卿佐"。（《华阳国志·蜀志》）由一般文化人开办的"书馆"，得到了蜀地著名学者的大力支持。司马相如为其编撰了启蒙教材《凡将篇》，共三十八字。扬雄亦编有《方言》与《训纂篇》，《训纂篇》取天下"小学"有用者汇集而成，顺续秦代李斯所撰之《仓颉篇》，易其重复之字，六十字为一章，共三十四章，二千零四十字。这些书以三字或七字为一句，每句押韵，方便儿童诵读和记忆，其内容包括姓氏、衣着、农艺、饮食、器具、音乐等方面的常识。仅从蜀地学者编写识字教材的积极性和成就即可推知，汉时成都私学之盛行。

毫无疑问，在兴办学校、弘扬儒学方面，文翁治理过的蜀郡已经后来居上，走在了全国的前列。从儒学创立至汉末，像蜀地这样，在官府的推动下，大规模、高速度地传播与发展儒学，是从来没有过的事情。

当然，作为郡守，文翁不仅仅是抓学校，抓教化，郡内方方面面的事情都得管理。蜀郡是朝廷密切关注的地方，也是征讨和怀柔西南夷的第一线，政务自然十分繁忙。蜀郡地域广阔，随时都可能发生突发事件，凡大事，文翁便要亲自去处理。一年之中，不论春夏秋冬，文翁都可能在下属各县奔忙，迎难解困是很平常的事情，有时候还带着三五个郡学弟子。正是因为文翁在各个方面都付出了心血，所以蜀郡才能出现"世平道治，民物阜康"的繁荣局面。

至今，在四川盐亭县仍保存有一方"嫘祖圣地"碑，其碑文中有这样的记载："后，文翁治蜀，大加阔筑。"这说明文翁当年重视发展蚕桑和织锦，曾修建嫘祖祠，大张旗鼓地祭祀蚕母嫘祖，号召民众栽桑养蚕，大力发展丝纺手工业。

《水经注·江水》记载有这样一件事："蜀有回复水，江神尝溺杀人。文翁为守，祠之，劝酒不尽，拔剑击之。遂不为害。"当然，这个故事和"李冰斗江神"的故事性质一样，是后人对他们治水事迹的神化。但这个故事反映了文翁还可能在蜀郡其他地方做过消除水患的治水工作。

有学者认为，成都平原南部的蒲江大堰，也是文翁在兴学的同时修建的。

唐代李吉甫所著《元和县志》卷三十三记载，公孙述在建武元年（25年）称帝于蜀，"犍为不属，述攻之。功曹朱遵拒战于六水门是也"。又，《华阳国志》记载："蒲江大堰灌郡下，六水门，有朱遵祠。"由此可知，在公孙述据蜀前，"六水门"已经存在。"六水门"是蒲江大堰的旧称，故蒲江大堰确实修建于西汉时期。

在成都平原的水利工程中，蒲江大堰自有其特殊之处。它与都江堰的"无坝引水"不同，采用"有坝引水"的方式，即在成都平原最低处——新津县城东南修觉山下，南河（旧称蒲江）、西河与岷江的汇流处，以竹笼垒石"顺篓"堆砌堤防，以梯形断面"品篓"堆砌一道拦河坝。拦河坝长达八百余米，与南河斜交，拦截并抬高水位。同时，在拦河大坝一侧修建渠首，开六个可以上下开关的水门，根据需要放水灌溉，泽被成都以南以及眉（山）嘉（乐山）平原，灌溉新津、彭山、通义、眉州等四县农田三万亩。由于堰堤是用竹笼堆筑，一般在夏、秋两季会被洪水冲毁，冬季岁修时再行修复。故此，蒲江大堰被称为中国历史上规模最大、运用时间最长的"活动坝"，也被称为成都平原南部的仅次于都江堰的又一岷江灌溉体系。

南宋著名诗人陆游有诗《十二月十一日视筑堤》赞曰："横堤百丈卧霓虹"，"西山大竹织万笼"，"蜿蜿其长高隆隆，截如长城限羌戎"。每年清明节，在新津蒲江大堰进水口举办"拜水节"，与都江堰"放水节"形成南北呼应。

为什么蒲江大堰修筑于西汉，就有学者认为它是文翁修建的呢？也许有三种可能：一是因为文翁在西汉做过数十年蜀郡太守，蒲江大堰在蜀郡管辖范围之内；二是因为文翁修建过湔江堰，是治水的行家里手；三是因为蒲江大堰与湔江堰的修筑方法有相同之处，都采用竹笼卵石来堆砌堤堰。

不过，这些都是分析和推测，有待发现文翁修筑蒲江大堰的明确的文献记载。

通西南夷　老当益壮

文翁的一生，除了治水和兴学，还做过一件大事，那就是为通西南夷兢兢业业做了二十多年的后勤保障工作。

"西南夷"是古人对中国西南少数民族的总称。在西汉时期，蜀郡和巴郡的南边和西边，地域十分广大，自古分布着数十个少数民族。其中，南边有"夜郎"和"滇"等部族。前者在今贵州西北部、云南东北部及四川南部。后者秦汉时分布在今云南滇池附近，中心在今昆明市晋宁区。他们头梳椎髻，耕种田地，形成了聚居的城镇和村落。西边的称作西夷，由南至北有"邛""笮""冉""駹"等部族。"邛"和"笮"分别分布在今四川西昌之东南与雅安山区，民众一般固定居住。"冉"和"駹"在今四川茂县、汶川、理县一带。他们把头发编成辫子，没有固定的居住地，随着放牧的牲畜到处迁徙，也没有自己的首领。

秦朝时候，曾夺取和开通五尺道，并在这些地方设置了部分官吏。秦朝灭亡，汉朝建立之初，无暇顾及西南夷，便将蜀郡原来的边界当作关塞。有些巴蜀民众偷偷出塞做买卖，用蜀郡出产的丝绸、布帛、枸酱等物品，换取笮都的马，僰国的僮仆与牦牛。

汉武帝建元六年（前135年），刘彻任命唐蒙为中郎将，令其夺取和开通夜郎国以及西边的僰中，在那里设置官吏。于是，唐蒙在蜀郡和巴郡各征发官吏士卒五百人,组成千人大军,从筰关(今四川合江符关)出发,进入夜郎。

这时候,文翁五十余岁,正在蜀郡守任上。从唐蒙那里看见开通夜郎的诏令的时候,文翁热血沸腾。虽然已经到了知命之年,又有职务限制,不能到第一线冲锋陷阵,但是可做的事情还有很多。而且,开疆拓土,乃国家大事,文翁作为封疆大吏,自然责无旁贷。

于是,文翁身穿官服,头戴官帽,端坐在公堂中央,还特意把闪烁着寒芒的长剑放置于公案之上,两眼炯炯地巡视着立于堂下的都尉、长吏、功曹史、兵曹掾史、尉曹掾史以及仓曹掾史和金曹掾史等官员,严厉要求他们积极行动,不可懈怠,分头动员蜀兵和民众,筹集军需用品,做好后勤保障工作,征调和派遣一万余人,从陆路、水道为汉军转运粮食和物资。

唐蒙到达夜郎,会见了夜郎侯多同,给予了很多赏赐,又用汉王朝的武威和恩德开导他,许诺封予官职,让他的儿子当相当于县令的长官。夜郎以及附近小城镇的头领,贪图汉王朝的丝绸布帛,以为从汉朝到夜郎的道路崎岖、难于通行,汉朝一时占据不了这片地区,便暂时接受了唐蒙的盟约。汉武帝则趁势把夜郎改设成为汉朝廷的一个郡——犍为郡。

接着便是修筑道路,从僰(今四川宜宾)一直修到夜郎都城旁边的牂柯江,长达两千余里。筑路人员为征发自巴蜀两郡的兵士。一时之间,从蜀郡征调筑路士卒以及运送物资和军粮的人员多达数万人。

不出所料,西南夷贪得无厌,屡次造反。巴蜀二郡的士卒,看见烽火高举,又扛着兵器,奔向战场,舍生忘死地拼杀。

两年之后,耗费钱财和人力不计其数,成果却没有多少,道路也没有修建完成。士卒们因为疲惫、饥饿和侵染瘴气而死的人很多。然而,唐蒙却不顾一切,还拿战时法令处死那些违令的人。

巴郡和蜀郡的老百姓以为要全面开战了,战争的祸患就要降临了,大为惊恐。以文翁为代表的蜀官与蜀士,多数认为唐蒙的做法不妥,一方面安抚民众,一方面向皇上派来了解情况的公孙弘陈述意见,竭力维护蜀地稳定。

汉武帝知道巴蜀的情况后,派在京师的司马相如回蜀处理这件事情,斥责唐蒙,并告诉巴蜀百姓,唐蒙的所为并非皇上的本意。于是司马相如到达成都后发布《谕巴蜀檄》，以图晓谕和劝慰巴蜀民众。

所谓"檄"，是批评、斥责的意思。司马相如下车伊始便发布《谕巴蜀檄》，是在批评谁？斥责谁？檄文的"抬头"便是"告巴蜀太守"，还说"郡又擅为转粟运输，皆非陛下之意也"，指责巴蜀负责教化的官员有"不教诲之过"。文翁自命，为官二十余年，未曾做过违抗圣命、擅自主张的事情；因为教化有功，还曾经受到景帝的嘉奖。可是没有想到，这一切，在司马相如眼里，竟然到了被斥责的地步。

不过，沉下心来，再看《谕巴蜀檄》，文翁发现此文可能另有玄机。

首先，司马相如以朝廷对外征讨的声威和成就，以巴蜀"靡有兵革之事，战斗之患"，全力为汉武帝辩解。声称征发巴蜀士卒只是为了供奉礼品，保卫使者不发生意外。为尊者讳的意思十分明显。不过，处理这一事件，要同时兼顾皇帝、唐蒙、文翁等地方官员、巴蜀民众四个方面，厘清轻重缓急，并非易事。因此，文中的斥责之意，似乎有不得已而为之的可能。

其次，司马相如不仅斥责了文翁等地方官员，也斥责了唐蒙和巴蜀民众。看似打击一大片，然而都是一笔带过而已。因为尽人皆知，是汉武帝刘彻任命唐蒙为中郎将率兵前往夜郎的，文翁等地方官员也是奉命行事；而且开通西南夷是汉朝廷的大政方针，还要继续完成此项任务，司马相如本人也赞成这一行动。

再次，《谕巴蜀檄》重点斥责的是什么人呢？不难发现，是司马先生所谓的"至愚"之民。司马相如把巴蜀民众分为两类，一类是"乐尽人臣之道"的"贤人君子"，另一类是"自贼杀，或亡逃抵诛"的"巴蜀行者"。司马相如树前者为边民的榜样，以当官、享乐、传名来开导和规范巴蜀民众；对后者则指摘他们有"不忠死亡之罪"，连带着指摘了那些"行者"的"父兄"以及专管教化的官员有"不教诲之过"。

最后，不得不问，"陛下之意"究竟是什么？《谕巴蜀檄》开篇便概述了汉王朝对外征讨的全局。北有匈奴，南有南越，西南则有西南夷，但北方匈奴为汉之心腹之患。文翁想起了两年多前，即元光二年（前133年），汉军在马邑（今山西朔州）伏击匈奴主力的失败。马邑之战，拉开了汉、匈大规模战争的序幕。为了集中力量反击匈奴入侵，必须保证作为大后方的蜀地社会秩序不发生大的动荡。然而，中郎将唐蒙却大规模征发巴蜀吏卒，让各郡大兴徭役，以严厉的军法"诛其渠率（帅）"，从而引起了巴蜀社会震动。这便是皇上不能允许的；这也是汉武帝派司马相如发布檄文、晓谕巴蜀父老的本意。

如果从这个角度上看，即从国家大政方针的全局上看，自己确实未能准确地理解圣意，司马相如的批评和斥责似乎并无太大的不当之处。文翁以大局为重，严于律己，不禁自我反省起来。

这时，邛、笮的首领听说夜郎等地已与汉朝交往，得到了很多赏赐，因而大多数人都希望做汉朝的臣仆。司马相如了解这一情况后，回到京师，便对皇上说："邛、笮、冉、駹等地离蜀很近，道路容易开通。秦朝曾在那些地方设置郡县，到汉朝开国时才废除。如今真要重新开通，设置为郡县，其价值超过南夷。"于是，元光五年（前130年），汉武帝任命司马相如为中郎将，持节出使，笼络西夷。蜀人翘首以待，"蜀太守以下郊迎，县令负弩矢先驱，蜀人以为宠"。（《汉书·司马相如传》）这里的"蜀太守"自然就是文翁。他对司马相如的尊敬，既来自于官场仪礼的要求，也出自对司马相如才情的深入理解和衷心佩服。

司马相如开通西夷之后，汉朝廷按通南夷夜郎的方式对待西夷，给他们设置了一个都尉、十多个县，统统划归蜀郡管理。文翁便迅速与这些新设立的县建立联系，日夜为完善郡县体制，保持新设县社会稳定，发展新设县之经济而奔忙。故清代果亲王著《成都》诗云："教始文翁敞学堂，坐移邛笮入儒乡。"

如此一来，原有的关隘纷纷拆除，汉朝的西南疆域扩大了。西边到达沫水（今四川大渡河）和若水（今四川雅砻江），南边到达牂柯江，以此为边界，开通了灵关道（今四川峨边县南），在孙水（若水的支流，即今之安宁河）上建桥，直通邛、笮。

不料这时候，风云变幻，北方军情紧急起来，汉朝廷加速修筑朔方郡城，以便凭借黄河驱逐匈奴。为了集中力量对付北方劲敌，皇上下令暂停开发西南夷。

但是，暂停并不意味着通西南夷任务结束。元狩元年（前122年），汉武帝命令王然于等人从西夷的西边出发到达滇国。元封二年（前109年），"天子发巴蜀兵击灭劳浸、靡莫，以兵临滇"（《史记·西南夷列传第五十四》）。这即是说，文翁从五十二岁到离开人世，最后的二十五年，都在为开发西南夷而忙碌着。在每次行动前准备粮草、舟车和吏卒；行动中随时做好后勤保障，保持蜀地社会稳定，发展农业、手工业；行动后则为巩固和治理新设之县而持续不断地付出自己的心血。

汉武帝成功招抚夜郎地区，改设犍为郡，是中国西南方向自秦灭巴蜀之后，又一划时代的大事件。明末清初思想家顾炎武在其《天下郡国利病书》中说："唐蒙浮舟牂柯之策，诚为凿空。"认为唐蒙通夜郎，其价值可以和张骞"凿空"（开通道路）通西域的壮举相提并论。

唐蒙、司马相如等人，在略通西南夷的大事件中站在第一线，劳苦功高，理应彪炳史册。然而，站在幕后的郡守文翁及郡县官吏们，多年为之操劳，却默默无闻。在《史记》《汉书》《汉纪》和《资治通鉴》等史籍中，多处记载了唐蒙通西南夷的基本史实，文翁等相关人员在其中则全部被隐去了姓名，仅以"巴蜀太守""蜀太守"等相称。也许史家们有自己的行文需要，但是，文翁老年时候留下的这一光荣篇章，不应该隐没在历史的汪洋大海之中而不为人知晓。

汉代官学体系的建立

与唐蒙略通西南夷同时，蜀地教育进一步兴盛起来，儒学得到迅速发展，"蜀地学于京师者比齐鲁焉"（《汉书·循吏传》）。即是说，蜀人赴京求学、深造的人数大量增加，甚至可以与全国文化先进地区相比肩。

这样的成就引起了西汉朝廷的重视。汉武帝在接受"独尊儒术"与设立太学的建议之后，这个已经兴学弘儒、先行先试了将近二十年的老臣文翁，便自然而然地进入了刘彻的视野。文翁创立的郡学成为西汉太学的办学基础之一，即将为新设立的太学不断地提供优质生源，这怎么能够不让求贤若渴的汉武帝喜出望外呢？

元朔五年（前124年），汉武帝在京师建立太学的同时，继汉景帝"令天下郡国皆立文学"十七年之后，再次命令天下各郡设立学校官。

《汉书·循吏传》称：

> 至武帝时，乃令天下郡国皆立学校官，自文翁为之始云。

这标志着汉代官办学校体系正式建立起来了。这是中国中央集权国家的第一个官办学校体系。

汉代官办学校体系主要由太学、郡学两个层次组成。

太学是最高学府，初设"五经"博士，置博士弟子五十员。博士由通经洽闻以备咨询的博学之士，一变而成为传道、授业、解惑的教师。博士弟子来源有二：一为京城之民。太常（古代朝廷职掌宗庙礼仪的官员）择民年十八以上仪装端正者，补博士弟子，并为"复其身"，使其安心学习。二为地方官吏。郡国县官有好文学，敬长上，肃政教，顺乡里，出入不悖所闻，而又得到郡守以上长官考察认可者，"得受业如弟子"。这里的"复其身"，其实就是免除其劳役与赋税，明显借鉴了文翁办郡学对学官弟子"为除更徭"的优惠政策。

　　按照董仲舒在《举贤良对策》中提出的"数考问以尽其材"的建议，西汉太学实行岁试制度，并按学业考试成绩高低授予不同官职。据《汉书·儒林传》记载，西汉朝廷规定，太学生"一岁辄课能通一艺以上，补文学掌故缺，其高第可以为郎中"。到了东汉桓帝时，由于太学规模扩大，考试制度也相应进行了调整。首先，改岁课为"两岁一试"，即规定太学生学习满两年才可以参加考试。其次，实行分级考试，通二经者，可任文学掌故；通三经者，授予太子舍人职务；通四经者，授予郎中职务。以通经多少作为学业考核和授予官职的标准。这种对结业博士弟子的鼓励措施，与文翁对郡学结业者的使用措施也是相似的。

　　太学的教授内容舍弃了"律令"，专修儒家经典——《诗经》《尚书》《仪礼》《易经》《春秋》。因为太学的主要职能是通过儒家经典的教学，为朝廷培养和选拔人才，不同于文翁石室的教化地方。

　　汉代太学建立之后，规模不断扩大。学生名额从最初的五十员，扩至百人、千人，到成帝末年（前7年）更是增加到三千人。每年选拔的官员也随之增加，至西汉末王莽执政时期，岁课授予官职者多达一百人，其中"甲科四十人为郎中，乙科二十人为太子舍人，丙科四十人补文学掌"。班固在《汉书·儒林传》末尾用赞语评论汉代太学盛况，曰："自武帝立《五经》博士，开弟子员，设科射策，劝以官禄，讫于元始，百有余年，传业者浸盛，支叶蕃滋，一经说至百余万言，大师众至千余人，盖禄利之路然也。"这是说，自从太学通过岁课考试制度将经学学习与选官制度联系起来，在利禄的驱使下，汉代经学大盛，注经、解经者多达数千人，是为汉代显学。从办学效果看，太学与文翁石室也有相似的成就。

郡学在汉代官办学校体系中起承上启下的作用。汉武帝诏令兴学之时，由于西汉各郡经济、文化发展不平衡，受地方经济状况、师资力量等方面影响，全国一百零三个郡国都要"立学校官"，开办郡学，可能性并不大。西汉第二次兴学是在元帝时期。《汉书·儒林传》称：元帝令"郡国置《五经》百石卒史"。既然教官有了俸禄，元帝的诏令便迅速得到了实施，郡国学校在全国范围内开始普遍建立起来。一些文化相对不发达的郡，也从文化发达地区选择士人担任文学卒史。第三次兴学是在汉平帝元始三年（3年），在王莽的倡导下，下令郡、县、道、邑、侯国及乡聚等普遍建立官学，官学设立由郡县深入到乡里。这样，从识字写字，到读书作文，再到精研经学等，都可以在官学里进行了。

汉景帝和汉武帝相继嘉奖文翁办学，具有重要的历史意义。这两次诏令，确立了文翁在中国教育史上地方官学（郡县学）创始人的地位，肯定了文翁为建立汉代官办学校体系做出了重要贡献，明确了蜀郡文学精舍是全国各郡开办最早的地方官办学校，对文翁石室做了最有力的推广。而且，这两次诏令，还使文翁兴学的意义突破了地方官学的界限，上升而为西汉治国方略中的一个重要部分，即文翁开创的兴学教化这种和平的方式，对加强地方与中央的联系与认同，对维护中华民族的团结和大一统，意义重大，不可或缺。

汉武帝诏令"天下郡国皆立学校官"的时候，文翁约六十三岁，已步入老年。他的身姿依旧挺拔，眼光依旧明亮，郊迎诏令之时，给人一种老而弥坚的感觉。数日之后，文翁被恭请回到郡学，进入周公礼殿，坐在了周公与孔子的画像之下。两个盛装的弟子，将景帝和武帝的诏令恭敬地捧在胸前，站立于文翁身后。在庄严、热情的颂赞声中，数百弟子依次上前行谢师礼。文翁正襟危坐，面露微笑，心潮澎湃，这是人生最幸福的时刻啊！有此一拜，抵得了三十年来的一切艰辛和付出。

文翁沉浸在回忆之中。不必说，文翁是成功的。成功的原因有两个。

其一，文翁正好处在一个难得的历史机遇期。

秦兼并六国，建立了一个统一的国家，但未能巩固下来，十几年后即行崩溃。汉高祖刘邦再次统一国家之后，宽松政治，与民休息；接着"文景之治"，移风易俗，民从而化。大汉王朝作为中国历史上第二个统一国家稳定下来了，但是需要巩固，需要更上一层楼，建立一个"大一统"国家的宏图大略呼之欲出。就在这个时候，庐江文翁被任命为了蜀郡太守。

蜀地原本就有灿烂的古蜀文明，有重视教育的传统。嫘祖教民养蚕，杜宇教民务农，尸佼入蜀教书授业。秦并蜀之后，李冰兴修水利，经济迅速发展。然而在秦国法治文化的浸染之下，学校陵夷，俗好文刻，蜀地文化与中原文化拉开了距离，相对落后。汉兴之后，私学在蜀中兴起，司马相如等已有脱颖之势。因此，在继续发展社会经济的同时，发展文化教育，造就人才，淳厚民风，便成为在蜀地掌握权力的官员们的一项紧迫的任务。

比之中原文化，蜀地文化落后在哪里？落后在被秦统治百年后，蜀地非齐鲁诸儒教化之所被。汉初，儒家学派得到了恢复和发展。由春秋时代思想家孔子提炼出来的一套完整的儒家理论体系，正在中原大地上，为建立"大一统"的中央集权制的封建国家而敷陈演绎，进行着思想文化上的统一尝试。因此，所谓"化蜀"就是要用儒家思想浸润蜀地，使其与中原地区在思想文化、社会风尚上渐渐融为一体。这个任务无疑是历史赋予人们的千年难遇的建功立业的机会。谁能抓住这个机会呢？

其二，文翁是一个有准备的人。

"化蜀"的历史任务是一种客观存在，岂是随便哪一个郡守、县令能够出色完成的。俗话说，机遇是留给有准备的人的。只有那些做好充分准备的人，才能发现并利用机遇。而文翁正好就是那个对完成"化蜀"任务有准备的人。第一，他好学，通《春秋》。不能设想，一个不好学的人会热心于兴学，一个不懂儒家学说的人会按照"庶、富、教"的古训来兴学弘儒，治理蜀地。第二，他是郡守，大权在握，能够将教育发展与官员任用制度相结合，能够把行政办公经费与教育经费统筹管理，能够使税赋与求学相联系，能够将教育系统内外相关因素进行统筹协调，以实现兴学弘儒的目标。第三，他"仁爱，好教化"。仁爱与教化是儒家政治思想的特征，重视用教育手段而不是只用棍棒使百姓服从其统治。这种思想在当时与流行的道家、法家思想比较起来，具有进步性。因而，他能够抓住关键环节，利用有利条件，运用各种手段来达到既定目标。比如，一开始就着重抓师资培养，抓住了办教育的关键环节。为了调动学生的学习积极性，采取了免除徭役与授予官职的方法,将"入学"与经济利益、与"入仕"结合起来,收到了积极的效果。到了老年,文翁又努力保持社会稳定,既为略通西南夷做好后勤保障,也为蜀风持续向好创造了必要的条件。

老骥伏枥　泽遗后世

岁月在忙碌中老去。到了晚年，文翁仍然不愿意只是坐在郡府里。

每年春天，岁修完成了，文翁便会乘着马车到都江堰去，检查岁修工程，主持放水典礼。吉时一到，站在高处的文翁，努力挺直腰身，高高举起手中的令旗。接着，赤裸着上身的水工们，齐声呼喊着号子，奋力挥动斧头，砍断绑定杩槎的篾索。转瞬之间，汹涌的岷江水便破堤而下，"哗啦啦"的水流声，"哗哩啪啦"的杩槎与卵石竹笼的垮塌声，与岸边人群的欢呼声响成一片。文翁心魄随之震动，人也仿佛变得年轻。新一年的蜀地春耕，自此宣告正式开始。

文翁也去关口天彭门，查看皂角岩是否有再次坍塌的可能。传说，古蜀人死后灵魂全都要经过天彭门，才能到达"昆仑"仙境。文翁听了一笑，拄着拐杖往里去，一直走到原来的仙居乡，和那里的老乡促膝谈心。

离开郡府，文翁去得最多的地方自然是石室文学精舍。到了郡文学，每一次都是先去周公礼殿，毕恭毕敬地给先圣先师行叩拜之礼。然后，与教授们探讨《春秋》，谈论子产不毁乡学，他认为虚怀纳谏才是君子难能可贵的美德。或者与弟子们在石室里谈心，不知不觉就谈到了舒城的春秋山，谈到了童年时候的耕读生活，他觉得那样的生活可以成就一个人的根基。令人欣慰的是，两座石室之间的那一排柏树已是参天大木，挺拔苍翠，枝叶扶疏如华盖一般。

文翁把毕生精力和才智全部贡献在蜀守任上了。

《汉书·循吏传》曰：

> 文翁终于蜀，吏民为之立祠堂，岁时祭祀不绝。

文翁是卒于哪一年呢？古代典籍中没有确切的记载。因而，古往今来，学者们对文翁的生年与卒年有两种主要的推断。一种推断认为文翁生于公元前156年，卒于公元前101年；另一种认为文翁生于公元前187年，卒于公元前110年。

据《华阳国志》载："孝文帝末年，以庐江文翁为蜀守。""孝文帝末年"为公元前157年。如果依据前者，那就意味着，文翁刚刚出生就已经被任命为蜀郡守了。这是不可能的事情。

又据《汉书·循吏传》载："景帝末，（文翁）为蜀郡守。""景帝末"为公元前141年。如果依据前者，那就是说，文翁十四五岁时候就被朝廷派遣，从庐江舒城千里迢迢来到了蜀郡，当上了集全郡政权、财权、军权、人事权于一身的封疆大吏。这也是很难成立的。

再者，如果依据前者，文翁享年仅五十五岁。然而宋人宋祁在《府学文翁祠画像十赞·文翁赞》中称文翁"天挺耆俊，有德有才"。所谓"耆"，即六十岁也。这说明，宋祁认为文翁六十岁时身体还很硬朗。

所以，循着事理推断可知，文翁享年七十七岁。

汉武帝元封元年（前110年），文翁与世长辞。隆重的丧仪之后，文翁的长子文士宏扶着父亲的灵柩，带着母亲，回到了安徽，将父亲安葬在故乡的土地上。之后舒城文氏一脉生息繁衍，人丁兴旺，成为舒南望族。

文翁的次子文士运和三子文士廉，留在了成都。他们的后裔分布于巴蜀各地。

其中有一位名叫文时，五代唐庄宗时从征南唐，从四川去了江西，开江西文氏一支。到了南宋，这一支中出了一代名相文天祥。文天祥在其撰写的《跋李氏族谱》一文中说："予家本石室，盖无可疑。"宋理宗宝祐四年（1256年），文天祥中进士第一，成为状元。德祐元年（1275年），元军南下攻宋，文天祥散尽家财，招募士卒勤王，转战南北，历尽艰辛，后升任右丞相兼枢密使，与陆秀夫、张世杰并称"宋末三杰"。祥兴元年（1278年），文天祥终因势孤力单，在五坡岭被俘。囚禁三年，屡经威逼利诱，仍誓死不屈。元至十九年十二月（1283年1月）文天祥从容就义，终年四十七岁。明代时追赐谥号"忠烈"。

分布在梓潼、盐亭一带的文氏后裔，北宋时出了一个文同（1018—1079年）。据《宋史·文苑》本传载："文同，字与可，梓州梓潼人。汉文翁之后，蜀人犹以石室名其家。"文同襟怀洒落，如晴云秋月。皇祐元年（1049年）进士。元丰初年（1078年），赴湖州（今浙江吴兴）任职，世人称文湖州，以学名世，擅诗文书画，尤善画竹。陆游在《嘉祐观壁间文湖州墨竹》一诗中写道："石室先生笔有神，我来拂拭一酸辛。"

聚居在成都西郊文家场及其附近的一支，便是著名的"温江文氏"。唐代僖宗乾符年间，"温江文氏"出了一位明经及第的人物，名叫文龟年，官至彰明令。文龟年之孙为文谷。《十国春秋》有云：文谷"笃学博闻，以词章显于世"。官至后蜀御史，隐退后寓居于成都西郊距城区三十里的地方。乡里人称之为"安谷乡"，即今之文家场。（据《温江县志》）

文谷之弟文察，以经学教授于乡里。文察之子孙及诸从子孙为进士者，有文振齐、文振鹭、文振道、文人中、文定中、文安中、文衡中、文达之、文振德九人。在宋代，温江县共有进士二十六人，其中文氏占十人，文氏家族不愧为温江望族。

文翁除泽被文氏后代子孙之外，更重要的是，文翁为国家、为巴蜀大地立下了大功，留下了宝贵而又丰富的物质遗产与文化遗产。

第六章

锦里淹中　文翁之化

文翁兴学"一年而业，二年而儒，五年大成"（宋祁《文翁赞》），蜀地风尚由"好文刻"转变为"好文雅"，由"贵慕权势"转变为贵慕才德，蜀地由文化落后地区一跃而为汉代文化兴盛地区之一。于是，蜀地"大化"（《汉书·循吏传》），人才辈出，"文章冠天下"（《汉书·地理志》），"蜀学比于齐鲁"（《华阳国志·蜀志》）。从此，巴蜀地区与中原地区从文化习俗上完全融合成为一个整体，文翁治蜀成为四川历代主政者治理巴蜀大地的最为重要的一面旗帜。

俗好文雅　家诗户书

文翁治蜀数十年，主要的历史功绩是"以儒化蜀"，成功地把文化落后的蜀地教化而为文化先进地区之一。

蜀地教化成功的标志之一是从此"巴蜀好文雅"（《汉书·循吏传》）。

什么是文雅呢？文雅有数种解释。其中一种解释认为，文雅是人们在社会交往活动中，为了互相尊重，约定俗成的一种行为规范。所以，所谓"好文雅"，其实就是好学习，家诗户书，用《诗》《书》倡导的儒家伦理道德规范自己的言行举止。如果这样做的人多了，就会引起社会风气的变化，产生移风易俗的效果。

当然，移风易俗并不能一蹴而就。在文翁办学的引导下，西汉蜀地形成了向学、慕学的热潮，蜀民"争欲为学官弟子，富人至出钱以求之"（《汉书·循吏传》），"好文雅"成为了社会风气的主流。到了东汉时期，文翁石室越办越好，儒学进一步普及和深入，蜀地便有了浓浓的"文雅"的气味，"家诗户书，以勤相矜，以惰相耻，出有教父，入有顺子"（宋祁《文翁赞》），旧有的所谓"蛮夷风"渐渐地在蜀地销声匿迹。

这里以几个故事来一窥其迹。

东汉时，有一个什邡人名叫朱仓，字云卿，在蜀郡张宁的精舍求学。他一边嚼着干豆子，喝着白水，一边背诵儒经。同学怜悯他家贫，送给他一些米和肉，但他始终都不肯接受。他著有《河洛解》，担任着郡府功曹一职，每天坚持步行。每次察举孝廉，朱仓都因公务忙碌未能到公府应试，不能成就。即使州里征他为治中从事，他仍读书、学习，终身不辍。

在绵竹，还有一个学者名叫任安。他的母亲姚氏，很早就死了丈夫，但是姚氏深明大义，勤俭持家，想尽办法供儿子读书，任安终于成为儒学大师。而且，姚氏还支持任安资助他门下生活困难的学生，鼓励弟子们立志向学。这样，任安的门生越来越多，成为一方著名的教育家。

显然，这是两则有关向学的故事。朱仓安贫乐道，"飧豆饮水以讽诵"，不受"资给米肉""以讽咏自终"（《华阳国志卷十中·广汉士女》），与颜回的"一箪食，一瓢饮，在陋巷。人不堪其忧，回也不改其乐"（见《论语·雍也》）何其相似。朱仓很有可能是颜回的崇拜者。为了给儿子孟轲创造良好的学习环境，孟子的母亲不厌其烦三次迁移居家之地。任安的母亲不仅含辛茹苦支持儿子的学业，而且支持儿子"赈恤其弟子"，成就儿子的事业，在她心里应该有孟母这个榜样吧。任安的母亲姚氏成为当地"慈母"的典型。

儒家学者认为，"父慈子孝"是一种理想境界。"孝"是一切德行的根本，而"孝"是从侍奉父母开始的。经过长期儒家思想浸润，孝子在蜀地越来越多，并且得到了社会的推崇。禽坚和姜诗便是汉时蜀地两个著名的孝子。

禽坚，成都人，字孟由。父亲叫禽信，受命出使越巂郡（治所在今四川西昌东南），被夷人抓获，先后被转卖给了十一个部落。父亲离开时，母亲怀孕已经六个月。母亲生下禽坚后，生活无靠，只好改嫁他人。禽坚渐渐长大，终于得知父子失散的缘由，于是出卖自己的劳力，想方设法筹集资金寻找父亲。也许是老天爷帮忙吧，竟然在无意之间得到了一颗宝珠，禽坚便用它来作为寻找父亲的路费。他到过南中一次，到过域外三次，走了一万多里路，历时六年零四个月，有一次差一点被密林中的瘴气熏倒，又因误食毒物而呕吐不已，差点成为饿虎口中的美食，在恶狼的追逐中跳入激流才得以逃生。千辛万苦走到夷人地区，终于找到了父亲。父子相见时，悲喜交集，嘘唏不已。随后，禽坚带着父亲回到故里，又将母亲接来一起供养，一家人终于团聚。

姜诗，雒（今四川广汉北）人，字上游，对母亲非常孝顺。母亲想吃用江中的水烹调的鲤鱼片，还要和邻居的母亲一起吃。姜诗就经常和儿子一起把江水和鱼片准备好，只要母亲想吃，随时都可以满足母亲的要求。没有想到的是，他的儿子到江边取水时，竟然不幸跌入江中被淹死了。怎么办？姜诗忍着悲痛保守秘密，说儿子到外地求学去了，不让母亲知道了伤心。姜诗的孝心感动了天地，于是奇迹出现了，有一股泉水竟然从房舍边上突然冒了出来，与江水一样清甜，并且每天早晨还会有两条鲤鱼从泉眼里跳出，供两位老人食用。这股泉水能够灌溉六顷田，让邻居也得到了好处。

禽坚和姜诗"用天之道，分地之利，谨身节用，以养父母"（《孝经·庶人》第六），正是孔子倡导的所谓庶人之孝。因此，他们能够感动天地和神祇，州、郡也表彰他们的孝心。后来，禽坚被征调为功曹、从事，死后，太守追赠他为孝廉，并叫县令为之立碑，受到人们长久的祭祀。姜诗也被举为孝廉，汉明帝下诏称："大孝入朝，孝廉一切皆平之。"（《华阳国志·广汉士女》）其大意为：大孝之人进入朝廷，察举孝廉的一切事务听从他的意见。同时，汉明帝任命姜诗为江阳令（今四川泸州）。姜诗去世后，所居之乡也给他修建了祠堂。

两汉时期，在文翁的诱导下，儒学在蜀地渐渐深入人心，蜀风由是大化，忠臣孝子，烈士贞女，不胜其数。除上述几人之外，据《华阳国志》记载，蜀中人士里，仕途亨达者有赵志伯三次升迁宰辅大臣，子柔兄弟相继做了宰相，司空张公发扬光大国家政治准则；忠贞之士还有朱遵绊马必死，王累悬颈州门，张任守节故主；孝顺父母、敬爱兄弟者还有隗通石横中流，吴顺赤乌来巢；博学通达、能言善辩者有张俊、秦宓、董扶、杨厚等；贤淑仕女有元常、纪常、程玦、吴几、先络，等等。

据此，《华阳国志·蜀志》称：

> 自时厥后，龙宗有鳞，凤集有翼，搢绅邠右之畴，比肩而进，世载其美。是以四方述作有志者，莫不仰其高风，范其遗则，擅名八区，为世师表矣。其忠臣孝子，烈士贞女，不胜咏述。虽鲁之咏洙泗，齐之礼稷下，未足尚也。

这一段话的意思是：从此以后，蜀地人才荟萃，士大夫品行美好、地位尊贵之辈，层出不穷，世代流传他们的美名。四方有志之人，无不仰慕他们的高风亮节，遵循他们遗留的准则，让他们扬名八方，成为世人的师表。其中的忠臣孝子、烈士贞女，更是数不胜数。相形之下，即使是鲁国的"洙泗之风"，齐国的"稷下之学"，也不足以称尚了。

所以《汉书·循吏传》称："至今巴蜀好文雅，文翁之化也。"

汉征八士　蜀有四焉

两汉时期，蜀地教化成功的标志之二便是人才辈出。

《华阳国志·蜀志》称"汉征八士，蜀有四焉"，并有这样一段精彩的叙述：

> 蜀自汉兴，至乎哀、平，皇德隆熙，牧守仁明。宣德立教，风雅英伟之士，命世挺生，感于帝思。于是玺书交驰于斜谷之南，玉帛践乎梁、益之乡。而西秀彦盛，或龙飞紫闼，允陟璿玑，或盘桓利居，经纶皓素。故司马相如耀文上京，扬子云齐圣广渊，严君平经德秉哲，王子渊才高名隽，李仲元湛然岳立，林公孺训诂玄远，何君公谟明弼谐，王延世著勋河平。其次，杨壮、何显、得意之徒徇徇焉。斯盖华、岷之灵标，江、汉之精华也。故益州刺史王襄悦之，命王褒作《中和颂》，令胄子作《鹿鸣》声歌之，以上孝宣帝。帝曰："此盛德之事，朕何以堪之。"即拜为郎。

这段话的意思是：蜀郡从汉代兴起，一直到哀帝、平帝，皇恩浩荡，国运昌盛，州牧、郡守仁达贤明，宣扬德行，树立教化；风雅俊伟的人士，层出不穷，感激于皇帝的恩德。于是皇帝征聘士人的诏书以及玉帛等聘礼，频繁往来于斜谷之南，梁、益之乡。蜀地的杰出人才既美且多，或者飞黄腾达，官至朝廷大员，登上宰相的高位；或者隐居不仕，潜心修养、纯洁品德。因此有司马相如以文章光耀京城，扬子云的品行正直、器宇轩昂，严君平的大智大德，王子渊的才华超群，李仲元的淡泊独立，林翁的训诫深远，何君公的谋略英明、辅政和谐，王延世治理黄河水患功勋卓著。其次，杨壮、何显、杨得意等人，诚实正直。这大概是华山、岷山神灵的彰显，江水、汉水的精华吧。因此益州刺史王襄非常喜悦，命令王襄作《中和颂》，让国子学生按照《鹿鸣》的曲调谱成歌曲来歌颂皇帝的政治清明，进献给孝宣帝。孝宣帝说："这是盛德之事，朕怎么担当得起。"后来任命《中和颂》的歌童何武为郎官。

这段文字提及的司马相如（约前179—前118年），字长卿，为西汉蜀郡成都人。汉赋四大家之一，被誉为"赋圣""辞宗"。著有《子虚赋》《上林赋》等，铺采摛文，成为汉魏及其以后文人模仿的对象。司马相如少年时喜爱读书、练剑。景帝时，赴京师为武骑常侍，后游于梁。景帝七年（前150年），梁王去世，相如回成都，娶卓文君。武帝时，因献赋被任命为郎。建元六年（前135年），奉命安抚巴蜀，发布《谕巴蜀檄》。之后皇上命其为中郎将，再次持节出使，笼络西南夷，为开发西南边疆做出重要贡献。司马相如持节临风、高车驷马到达成都之时，蜀人羡慕，翘首以待，以迎接相如为光荣。可见，司马相如与文翁，同是生活在景帝、武帝时代的人，他虽然没有直接参与兴办郡学，但他编撰《凡将篇》以助蒙学，并且以"身教"的形式参与教化，用自己"以文显"的人生道路作为榜样，诱导蜀人向学，走"学而优则仕"之路。所以《汉书·地理志》称："文翁倡其教，相如为之师。"

这段文字提及的严君平（约前86年—10年），即庄君平（庄遵），因避汉明帝刘庄讳而改姓严，四川绵竹人，精通老、庄之学，汉代著名道学家、思想家。汉成帝时他隐居成都市井之中，开设私学，讲授《老子》和《易经》，宣扬忠孝信义和老子的《道德经》，日得百钱足自养，即闭肆下帘。他终身不仕，节操清奇。权臣想结交他，他闭门不见。富人送给他车马衣粮，他全都推辞掉，还说富人是以不足补有余。富人不以为然。他解释道："你的家人日夜操劳，积累家财万贯，你还未感到满足。我以卜筮为业，不用下床就有人送钱来，现在还剩余数百钱没有可用的地方,当然是我有余而你不足了。"富人哑口无言。严君平就是这样以苦为乐,淡泊恬然。他著有《道德真经指归》和《老子注》等,凡十万言,使道家学说更加条理化和系统化。严君平与文翁比,出生较晚。他在石室一侧之小肆中,为人占卜,设馆办私学传授道学,看似在与文翁石室唱对台戏,但竟然没有一点违和之感,实际上有意无意地与石室站在一起,共同促进蜀地文教事业的发展。

后来严君平隐居至成都郫县横山(即平乐山),建横山读书台,扬雄曾经拜他为师,在此学了八年易老之学。但是,严君平办的私学,与孔子以及文翁办的学校不同。严君平是典型的民间学人,其知识底蕴以老子学说与蜀地本土文化传统为主,不热衷于当官。也就是说,严君平的办学宗旨不是"读书做官",而是发展当地经济和提高家庭生活水平。因此,他的学生几乎全部是耕读者,半耕半读。他也是先以占卜养活自己,然后才教书育人。扬雄上山拜师时,按照孔子收学生的传统,给老师献上了十条腊肉。严君平摆手道:"罢了罢了,我这儿不讲这些礼数!"严君平的耕读实践,扬雄将其总结为耕读思想,后来成为中国民间私塾重要的办学方针之一。

与严君平友善的人中,有一位西蜀名士,也是成都人,名叫李仲元。李仲元名宏,仲元是他的字,他与严君平年龄相当,却不是研究道学的,而是一个儒家学者。他少年时读"五经",不为章句之学。他住在陋巷,却淬砺金石之志。他仪容严肃,行为庄严,处事公道,邻居们纷纷以他为师。因此,在他居住的地方民风淳朴,不会让头发斑白的老人肩挑重物,男女分道而行,很有礼貌。李仲元和严君平一样,不愿为官。朝廷曾征召他做县官,他借口吃乡人的送行酒,赖了一个月不动身。据说后来他当过郡功曹,这是相当于现在的市长助理、秘书之类的官职。扬雄在《法言·渊骞》中称:"仲元,世之师也。"这说明李仲元很可能主管过宣帝、元帝时代的蜀郡学校,这些学校里自然包括蜀郡郡学(文翁石室)。

与严君平年龄相当的蜀郡人士中,还有一位享有盛名的辞赋家,那就是王褒。王褒(前90年—前51年),字子渊,蜀郡资中人。少年丧父,家贫,事母至孝,以耕读为本。他精通六艺,熟读《楚辞》,崇敬屈原,并热衷于教化民众,宣扬风尚。二三十岁之后游学成都等地，以文会友，博览群书。宣帝时（前73年—前49年），王褒受邀为益州刺史门客，写下《中和》《乐职》《宣布》等诗，并依古乐演唱，大为成功，声名远播。得宣帝召见，任谏大夫。汉宣帝甘露三年（前51年），王褒奉令回益州，在途中写完《移金马碧鸡文》，因病逝世，时年四十岁。王褒一生共著辞赋十六篇，文采秀发，情趣唯美，使蜀地辞赋创作在汉宣帝时仍然保持为全国最高水平。

林间翁孺，临邛人，博闻多识，特爱古学。古时候，皇帝设置有乘轺车采风的使者。西汉的宗室大臣、文学家刘向等人，听说过这个官职，但不知道职守是什么。只有林间翁孺和严君平了解这件事。林间翁孺解释说："这是让使者考察八方的民风、民俗，沟通天下九州的相同与不同。其中，主要是了解各地说话音韵的不同，让皇帝在朝廷上便可以知道天下各地的风俗。"林间翁孺和严君平一样，还擅长文字学。林间翁孺与扬雄有外家牵连之亲。扬雄听说林间翁孺在蒲江县城北白鹤山执教授徒之后，就慕名前来拜他为师，潜心研究文字之学，为他后来著《方言》，成为一代大儒奠定了良好基础。林间翁孺一生清贫寂寞，晚年得到好名声后，便遁世隐居，不知所终。

何武，字君公，西汉蜀郡郫县人。宣帝时，王褒颂汉德，作《中和》等诗三篇。何武受王褒影响，常与成都好友一起演唱王褒的这三首诗。宣帝遵循武帝惯例，征召博学之才，召见并赏赐了何武。于是何武到京师跟从博士学习，研究《易经》，被提拔为鄠县（今属陕西西安）县令。历任谏大夫、扬州刺史、丞相司直、御史大夫等职。何武为人仁厚，喜欢积极上进之士，痛恨结党营私之人，奖励人之善举，颇有政治声望。汉成帝时（前32年—前7年），何武由御史大夫改任大司空，位列三公，封汜乡侯，食邑千户。

扬雄（前53年—18年），字子云，西汉蜀郡成都人。家贫好学，少时曾拜严君平为师，学习易老之学。后以李仲元、林间翁孺为师，学习儒经。又喜诵读司马相如的《子虚》和《上林》，并认真研习。扬雄为人简易佚荡，不慕富贵，学问渊博，经学、小学、辞章兼长。汉成帝时以文召见，奏《甘泉》《校猎》数赋，除为郎，给事黄门。历事西汉末成帝、哀帝、平帝、王莽四朝，郁郁不得志。扬雄仿《易经》《论语》，作《太玄》《法言》。又编字书《训纂篇》《方言》，服务蒙学。宋代学者宋祁有《府学文翁祠画像十赞·扬雄赞》云："卓哉子云，为汉儒师。准易论语，同圣是非。百家澹淫，我独正声。谲怪缩藏，孔道光明。歆也致訾，谓抵酱蒙。惟谭有言，必传无穷。剧秦诡辞，恨死新时。曰汉中天，果不吾欺。"大意是说，扬雄是汉代的儒学大师，著《太玄》和《法言》，与圣人的是非观念相同，必定会流传至永远。

王延世，字长叔，犍为资中（今四川资阳）人。西汉成帝初年，即建始元年（前32年），黄河决口于馆陶及东郡金堤，泛滥四郡三十二县。王延世被任命为河堤使者，征调民工，并用都江堰堆砌堤堰的方法，以大竹笼盛石用两船夹载投于决口，历时三十六日，方塞住决口，建成河堤。因为治河有功升光禄大夫，封关内侯。两年之后，黄河在平原郡再次决口，王延世与杨焉、许商等人再次受命治河，经过六个月的艰苦努力，终于获得成功。

可以这样认为，从文翁兴学开始，一百余年间，官学与私学，儒学与道学，蜀内与蜀外，包容共济，共襄盛举，开创了蜀地大化的局面。蜀风之化，文翁首功，但也是几代人不断努力的结果，司马相如、严君平、李仲元、王褒、林闾翁孺、何武、扬雄、王延世等人也功不可没。

蜀学比于齐鲁

晋代史学家常璩，在其《华阳国志·蜀志》称："翁乃立学"，"学徒鳞萃，蜀学比于齐鲁"。在中国历史上，第一次提出了"蜀学"这个概念。

我国地域之学，除"蜀学"，还有齐鲁之学、关学、洛学、闽学、楚学、徽学、湘学等。西汉时益州统辖八郡，其中在四川境内的有蜀郡、巴郡、广汉郡、犍为郡、越巂郡，此五者统称蜀地。蜀郡治所在成都。这就是"蜀学"一般意义上的地域范围。

四川大学国际儒学研究院教授舒大刚，曾谈及蜀学的分期[①]。他认为，"蜀学源远流长，且极具特色。从历史时期上来看，蜀学先后经历了先秦萌芽、两汉全盛、魏晋南北朝持续发展、隋唐五代异军突起、两宋高峰、元明清初相对低迷、晚清至民国大放异彩等七个时期"。

在谈到第二个时期时，他阐释道："第二期为两汉的全盛期。代表人物有李冰、胡安、司马相如、文翁、落下闳、张叔、王褒、严遵、扬雄、赵典、李尤、张陵等。他们在经学、文学和诸子学等方面皆有突出贡献。其成就主要有：都江堰水利工程、文翁石室、周公礼殿、'七经'体系、小学训诂、辞赋、天文历法、五斗米道等。此阶段形成了'蜀学'概念，有'蜀学比于齐鲁'（《汉书》《三国志》《华阳国志》）之说。特点在于古今皆治，道教创立，儒道兼融，不

[①] 见舒大刚2016年5月以"漫谈蜀学"为题的演讲。

专守师法家法。"

那么，文翁治蜀数十年，他为两汉蜀学"全盛"做过哪些贡献呢？

其一，如前所述，汉景帝时，文翁在成都开办了一所文学精舍。不仅为蜀学培养了大批人才，而且进行制度建设，创造性地制定了一条人才培养与任用的制度，为蜀学发展做出了卓越的贡献。

汉代的选士制度主要是察举和纳赀。晁错、东方朔、董仲舒等，包括文翁在内，都是经过察举走上仕途的。司马相如不同，他年轻时候是通过纳赀，即用家资买了一个郎官，这才做了汉景帝的武骑常侍。察举的标准主要是德行，如举孝廉、举贤良能直言极谏之士等，到汉武帝后才要求被举荐者是儒生。显然，这样的选士制度对促进学术进步作用有限。

文翁在蜀郡建立的人才培养制度却不相同。他择优录取学生，不但要德优，而且要学优。学生学成之后，则"高者以补郡县吏，次为孝弟力田"。以学习成绩的好坏，以文化水平的高低，授以不同的官职。这在西汉初期是从来没有过的事情。选，凭学习成绩；用，凭文化水平，这是文翁的发明。

文翁创造的这种培养人才、选用人才的制度，强烈刺激了当时读书人的上进心，也引起了社会震动。小农经济条件下，下层民众进步的途径有限。谁不想改变命运？谁不想出人头地、光宗耀祖？读书人大多数都有"修身、齐家、治国、平天下"的抱负。怎么才能实现呢？只要能够读好书，做好学问，一切都不是问题。于是，读书人多起来了，做学问的人多起来了。蜀学在数年之间便走向繁荣，"蜀学比于齐鲁"。

可见，制度建设往往是具有顶层意义的深层次的创造。文翁在蜀郡文学精舍创设的择优录取、学优授官的制度，把入学与做官联系起来，不仅首开中国士人凭借文化知识入仕的途径，而且把蜀学的迅速发展壮大变成为可能，并使蜀学具有了创造性特点。

其二，在文翁的主导下，形成了一个原则，那就是蜀学的发展方向应该是儒学与本土文化相结合。这样也就让蜀学具备了包容性的特点。

文翁明白，治理一方土地，必须了解一方风物。从入蜀的那一天起，他就开始有意识地研究蜀地的山川地势，风俗人情。从开湔江口的民工口中，文翁知道了古蜀先民为治水而付出的艰辛，蜀地旱涝保收、衣食无忧的生活来之不易。

《山海经》曰："都广之野……爰有膏菽、膏稻、膏黍、膏稷，百穀自生，冬夏播琴。鸾鸟自歌，凤鸟自儛。"此言极其准确。成都平原气候温和，人民生活安逸，渴慕浪漫爱情，极易产生文学艺术，也容易产生如对仙人不受时空束缚的那种向往。

文翁巡视下县时深切感受到，经过汉家几十年经营，蜀地法家影响正在淡去，道家味道却浓了。乡绅与农民勤劳而善良，自信而宽容。他们自认是人皇的传人。三才一统，天皇、地皇、人皇是他们的固有观念。他们认为，三皇的主要活动区域就在巴蜀，三皇曾乘祖车出谷口，即蜀地的北口，而且神农也曾到过巴蜀，大禹也出生于西蜀，为治水三过家门而不入，等等。

文翁深深地感受到了古蜀文明的博大辉煌。他不认为自己带入蜀地的儒家学说可以取代本土文化，而是要兼容并蓄。

于是，文翁一方面突破中央的"五经"教学体系，把蜀郡文学精舍的课程设定为"七经"，将文字深入浅出、利于教化的《论语》《孝经》纳入"经典"范围，用最新的儒学成果诱导蜀民；另一方面在文学精舍校园里修建周公礼殿，让文翁石室既是知识殿堂，又是寄托心灵信仰的精神家园，创造了中国第一个"庙校合一"的学校格局。后来，在文翁绘画周公、孔子与七十二弟子像的基础之上，周公礼殿里画上了历代的贤君、圣王如尧、舜，远古神话传说人物如盘古、女娲、黄帝，学术人物如老子，贤臣如萧何、张良，巴蜀名宦如李冰、文翁，等等。政统、道统、学统人物齐备，完全不拘于儒家一派。

文翁坚持的儒学与本土文化相结合的蜀学发展原则，很快便使蜀学内部出现了和谐共荣的生态环境，如秘钥一样打开了蜀学发展的大门。正如国学大师刘咸炘在《蜀学论》中所言："统观蜀学，……寡戈矛之攻击，无门户之眩眯，非封畛以阿私，诚惧素丝之染紫。"即是说，蜀学内部没有互相攻击，没有令人头晕目眩的门户之见，更没有为了私利而互相封锁，蜀学像洁白的素丝一样纯净，难能可贵，一定不能让它沾染上恶习。

文翁所办的石室文学精舍，是儒学性质的官学。然而，这之后，严君平却在文翁石室北侧之小肆中（今成都市君平街），设馆办私学传授道学，讲授《道德经》。两位同样了不起而又很不相同的人,办了两所几乎完全不同的学校,竟然望衡对宇,互不相扰,长期共存,和谐发展。这不能不说是蜀学发展史上的一段佳话。

其三,在文翁创设的蜀学环境中,多类文化、各种思想在蜀地交融汇合,集杂为醇,催生出了许多蜀地特色鲜明的文化和学术成果,让蜀学具有了独特的魅力。

在文学上,汉代最具代表性的文学样式是赋。汉赋最具代表性的作家是司马相如、扬雄、班固、张衡。这四人都有名篇传世,是汉赋的最高成就者,对当时及后世文坛影响深远。这四人之中,前两人是地地道道的蜀郡成都人。其中"赋圣"司马相如的《子虚赋》标志着汉赋的成熟。它用主客问答的形式,极辅张夸饰之能事,"劝百风一","曲终而奏雅"(《史记·司马相如列传》),成为汉赋的特点。扬雄年轻时崇拜司马相如,后著《甘泉赋》和《校猎赋》等,精心构思,用类比夸张的手法,以绮丽的文采,苦心经营出讽谏之意。除司马相如、扬雄之外,王褒也是蜀郡在全国享有盛名的辞赋大家。王褒擅长小赋,即以日常事物为题材,精细描写,优美细腻而有情趣。《洞箫赋》是其代表作品之一。故《汉书·循吏传》称:蜀儒"文章冠天下"。

在易学上,汉代蜀郡的易学名家是严君平和扬雄。严君平知天文,认星象,善占卜,通玄学,以卜筮和讲授《易经》及《老子》为生。深入钻研周易数理和老庄哲学,直至融会贯通,求得真知灼见。严君平是扬雄的老师,扬雄年轻时跟随严君平学习易老之学。学成后,扬雄模仿《易经》著《太玄》。"以'玄'为中心,构拟了一个囊括天道、地道、人道的宇宙间架,构成一个包罗万象的世界图式,以此反映宇宙的条理与秩序,并且按照以天道明人事的思路,力图揭示人类社会的基本规律,表现出对宏大事物的整合能力,以及形而上的思维能力。"[①]所以,北宋程颐曾有"易学在蜀"之语。刘咸炘亦云:"易学在蜀,犹诗之有唐。"

在诸子学方面,成就亦颇为丰硕。如《老子》研究,西汉便有严君平的《道

---

① 王青:扬雄传,天地出版社,2020.

德真经指归》，亦称《老子指归》，是现存较早且可靠的研究《老子》的著作。严君平学说的最大特点就是自由伸展。他在《老子指归》中着重讲述了人的认识主体问题，详细说明了世界与人的生命主体是相互作用的一组关系。读严君平的著述，就能够感觉到他的思路特别活跃，思想非常开放自由，既深邃，又无拘无束。蜀人受他的影响很大。有人认为，这是蜀人相对崇尚自由和开放的原因之一。

严君平与扬雄就是这样的大师：亦儒亦道，儒道融合，出类拔萃，不同凡响。他们是在文翁创制的蜀学环境中脱颖而出的，也只能在大度包容的蜀学环境中才能造就这样的大师。《老子指归》在汉、唐、宋三代影响巨大。宋代思想文化界曾经出现过孟子和扬子（扬雄）谁高谁低的争论。朱熹认为扬雄在学术上不儒不道，把扬雄的学说挤出了正统。严君平是扬雄的老师，他的学说也受到连累，在元、明、清三朝《老子指归》鲜为人知，以致有人认为这本书可能是后代人伪造。1973年马王堆《老子》帛书出土，发现《老子指归》中引用的老子言论，与帛书《老子》完全符合，这才为严君平洗去冤屈，对《老子指归》中的"新论"的发掘与研究工作终于重新开始。

在科技上，公元前3世纪李冰主持修建的都江堰水利工程，因地制宜，消除水患，造就了水旱从人、沃野千里的"天府之国"，可谓举世无双。汉初，文翁为蜀守，又开湔江口，溉灌繁田一千七百顷，历史上第一次大规模地扩大了都江堰水利工程的灌溉面积。另外，西汉落下闳研制《太初历》，扬雄推衍"浑天说"，都是那个时候在天文历法方面取得的全国最高水平的研究成果。

第七章

石室仪刑 垂范后世——文翁教育遗产之一

文翁兴学,前无古人地在成都创造了五个第一,不仅创办了中国第一所地方官办学校,开创了中国历史上第一个官学、私学共同发展的新局面,修建了中国第一个由官府建造在学校里的祭祀先圣、先师的专门建筑周公礼殿;而且,文翁石室既是中国古代学校"庙校合一"体制的最早范本,也是中国在原地原址、连续办学时间最长的一所学校。文翁的教育理念是文翁留给后世珍贵的教育遗产。

文翁的教育理念

教育理念是引领教育革新和发展的指导思想。文翁能够创办中国历史上第一所地方官办学校，正得益于他拥有先进的教育理念。

文翁少年时候在家乡接受私学教育，后来到长安跟从博士精研《春秋》等儒家经典，随后察举入仕，从属吏逐渐升任为蜀郡太守，治理一方百姓。从自身的经历中，文翁感受到了教育的重要性，教育不仅可以提升自我，也有助于治理地方。然而，汉初盛行的私学教育，在师生质量、教学内容、教育经费上有很大的局限性，不能满足朝廷和有识之士追求"大一统"理想的实际需要。故而，文翁基于儒家教育思想与治蜀的现实，结合汉代教育的实际情况，逐步形成了自己的教育理念，并付诸实践，创办石室文学精舍，开中国地方官办教育之先河。文翁的教育理念，自西汉以降，成为巴蜀人文教育独特发展的坚实基础、千年传承的源头活水、学脉体系中的核心要素。

文翁的教育理念可以概括为"兴学化蜀"与"优生优教"两个方面。

"兴学化蜀"是文翁办教育的宗旨。作为蜀郡太守，文翁深知，西南地区在行政归属问题解决之后，还有一个在文化习俗上与中原地区融合的过程，这样国家才能实现真正的"大一统"。怎样才能尽快地消除蜀地与中央朝廷的距离呢？怎样才能让中原地区的先进文化（儒家学说）与古蜀文化融为一体呢？儒家学说给出的解决方案是，"庶而富之、富而教之"。文翁谨遵于此，选择了教育这样一种温和而又可持续的方式。所以，文翁上任之后，先是开湔江口灌溉繁田，发展蜀地经济，使老百姓安居乐业，接着便是物质文明与精神文明一起抓，在成都城南筑石室创办文学精舍，发展文化教育，改变蜀地文化落后的面貌。由此可见，文翁心中的教育，一定是为治蜀服务的，一定是为国家大政方针服务的。

不仅如此，"兴学化蜀"的办学理念还揭示出，文翁办教育的目标应该是培养仁爱好教化而又有实际办事能力的治蜀骨干人才。"仁爱"是文翁的人格魅力之所在，"好教化"是文翁的所长，自然而然，两者也是他选择和培植人才的标准。办学目标确定之后，文翁所办学校的"儒学"性质和"官学"性质也就明确了。因此，文翁所办的学校一旦开办起来，儒家经典便成为学校的主要教学内容。这意味着文翁是在以官方的力量推行儒家经学，是在以行政的力量推行儒家的伦理道德，以儒化蜀，儒化社会。毫无疑问，这是中国古代教育史上的一次重大的变革。

另外，"官学"在教育经费、办学场地、教师费用、学生人丁赋税减免以及教学实践上，有地方官府给予的大力支持，可以有力保障学校的稳定性和可持续性，这是"私学"很难拥有的办学条件。不过，文翁并不排斥私学。他主张在地方文化教育领域里，官学作为核心和引领，官学、私学互相补充，共生共荣，共同为提升和繁荣蜀地文化教育而努力。文翁的这一办学理念，改变了商周以来的办学传统，中国历史上第一次出现了官学、私学共同发展的和谐局面。而且，这种办学格局一直延续下来，至今未变。

文翁的另一个教育理念是"优生优教"。

地方官学既是地方教育的核心和引领，那么地方官学就必须办得出色，必须由优秀的教师，用优秀的思想文化和优秀的教育思想、方法，教育择优录取而来的优秀学生。具体地讲，文翁办学"优生优教"体现在以下六个方面。

第一，从师资来讲，文翁十分注重教师队伍的选拔和专业培训。文翁石室的第一任教师是创办者文翁，他曾到长安跟随博士学习，精通经学与律令。文翁办学做的第一件事就是亲自选拔、培训教师。他"选郡县小吏开敏有材者张叔等十余人，亲自饬厉，遣诣京师，受业博士，或学律令"。为什么要去"京师""受业博士"？因为，在文翁心目中，自古学高为师，去"京师"可以得风气之先，

"受业博士"可以获得最高水平的儒学知识。只有经过数年儒家思想学术浸润的学者，才有可能成为一名优秀的教师。汉初的私学教师不可能有这样的经历，他们只能通过私学获得知识，然后根据自己所学教授学生。虽然不乏大师或名师，但是水平参差不齐，很难保证蜀地整体教学质量。所以，唐宋之后的地方官办教育，基本继承了文翁石室的办学传统，地方长官兼任校长，偶尔亲自授课，常任教师基本都是科举出身，虽然并非经过专门选拔、培训，但是经过统一的科举选拔和训练，整体教学水准是可以保证的。

第二，从生源来讲，文翁石室的学生是经过选拔的蜀地优秀人才。文翁创立石室之后，即"招下县子弟以为学官弟子"。所谓"下县子弟"即文翁治理下的蜀郡范围内的全部属县中适龄的优秀吏、民。学生是来自整个蜀郡的"下县子弟"，这就保证了生源的广泛性和择优的可能性。招生名额有限，注定了只能是择优录取而非全民教育。当时的私学招生则大不相同，学生只要缴纳得起束脩即可入学，学生自身的才能不是主要条件。汉以后的私学教育依旧受制于束脩，但是地方官学教育则继承了文翁石室的办学传统，在郡县选拔优秀人才，择优录取，甚至根据学生情况提供住宿，发放奖学金。

第三，从教学内容来讲，文翁石室教授的是汉朝通用的知识，即儒家七经与律令。所谓七经，即《诗经》《尚书》《仪礼》《易经》《春秋》《论语》《孝经》。后面两部是儒家经学的最新成果。文翁弘扬在当时被视为先进文化的儒家"七经"学说，引领蜀地文化发展，为蜀地儒化做出了不可磨灭的贡献。同时，在文翁看来，要成就一位经天纬地的新型儒学大师，不能只学习儒学，应该汲取中华民族从古至今所创造的所有优秀文化。所以，文翁保留了律令等教学内容。东汉时蜀郡太守高朕重修周公礼殿后，不仅在其内壁图绘了孔子及七十二弟子像，而且图绘了"三皇五帝"、古圣先贤以及非儒家的学术人物。

汉以前的私学教育，教师各有所长，教授内容不一，甚至相互矛盾。汉武帝之后，儒学地位上升，地方官办学校均学习文翁石室以儒家经典为主要教学内容。而且，各个朝代为了统一教材，不仅校订儒家经典，还将其刻于石碑之上，供全国的学校以及士人抄录、校对、学习。其中五代后蜀刊刻的"后蜀石经"，刻成后即竖立于文翁石室之中。

第四，从教育方式来讲，文翁石室采取的是知行合一的育人模式，不仅注重知识的传授，更注重实践。《汉书·循吏传》记载，文翁"常选学官僮子，使在便座受事。每出行县，益从学官诸生明经饬行者与俱，使传教令，出入闺阁"。即文翁石室的学子在学有小成之后，可进入蜀郡官府进行实践历练，学习如何为官治民。文翁石室通过实务与实践，强化教学成果，实现知行合一、学以致用。这样的教育方式，出类拔萃，在中国古代并不多见。汉以前的私学教育，更注重知识传授。宋以后的地方官办学校，在教育方法上，既没有继承孔子的有教无类、因材施教，也没有继承文翁石室的知行合一、注重实践，而是为了适应科举考试，逐步发展出了以月考为代表的应试考课制度。

第五，从学生完成学业后的去向来讲，文翁根据学生完成学业的程度，给出相应的安排和待遇。第一批蜀地优秀人才从长安游学回来，文翁对其做出安排，或者成为石室教师，或者从政为官，"以为右职，用次察举，官有至郡守、刺史者"。直接从文翁石室毕业的下县子弟，"高者以为郡县吏，次为孝弟力田"，即成绩优异的，察举入仕，补为郡县属吏；成绩合格者，给予"孝弟力田"称号，即免除人丁税和无偿劳役，以身作则，教化乡里，以待将来察举入仕。文翁的这项政策，把"读书做官"变成了直接现实，强烈刺激了蜀儒们的学习积极性，蜀地面貌在数年之内便焕然一新。

汉及汉以前的私学教育，没有官府支持，学生学成之后只能回归乡里，自谋出路。故而先秦游说之风盛行，很多学有所成的士人通过游走列国，谋求入仕和发展。汉以后的地方官学，与私塾、书院一起成为科举考试的一个部分，主要负责知识传授。学生在私塾或书院完成学业后，并不会直接得到任何身份和职务，只能前往州县参加科举考试，考试合格之后才会按照成绩授予身份与职务。

第六，从办学经费来讲，文翁石室的办学经费来自蜀郡官府，办学经费充裕。文翁任职蜀地之初，郡府财政支出中并没有专门的办学经费。文翁认为，既为官办学校，办学又是治蜀的一项重要措施，办学经费应该在郡府财政中列支。所以，文翁"减省少府用度"以遣送张叔等人前往长安学习。此后，为了维持文翁石室的日常运行，郡府不仅承担聘请教师的费用，免除学生的学费，而且为了让学生安心学习，不惜减少蜀郡赋税收入，免除了所有在校学生的"更徭"，即汉代律令中规定的以人口为单位向朝廷缴纳或提供的人丁税和无偿劳役。经费统一由地方官府负担，在一定程度上保证了办学的质量和可持续性。

文翁的教育理念，对后世影响深远。虽然受科举制度影响，优教中注重实践的部分被科举考试取代，但是，选拔优秀学生入学成为学校招生的通行原则，学校师资队伍是否优秀成为评价学校的重要标准，注重儒家经学知识传授则成为了中国古代学校教育不变的法则。

历代治蜀者谨承文翁之教

文翁兴学弘儒，为后世提供了重要的治蜀经验和不可多得的政治智慧。因此，后来主政成都的官员们无不尊重文翁，无不学习文翁，或重修讲堂礼殿，或立祠祭祀文翁，或弘扬文翁的教育理念，从不同途径延续文翁之教，以此达到平治巴蜀的目的。正如宋代著名学者李焘在《新修四斋记》中所言："昔文翁初起学宫于成都市，及元朔五年，诏天下郡国皆立学宫，盖天下郡国学宫实自成都倡之，后之为成都者，于学宫不敢不致力。"

东汉灵帝光和五年（182年），陈留高眹任蜀郡太守。中平年间大火之后，在极为困难的条件之下，不仅重修周公礼殿，增建二石室，而且礼聘饱学之士赵宁为蜀郡文学掾，促进文翁石室持续发展。《华阳国志·蜀志》记载有此事："陈留高眹亦播文教。太尉赵公初为九卿，适子宁还蜀，眹命为文学，撰《乡俗记》，亦能屈士如此。"此处的"赵公"即赵谦，字彦信，献帝初平元年（190年）为太尉。赵谦之子名"宁"，幼承家学，擅长文辞。赵宁回到蜀地家乡之后，高眹立即聘请他为蜀郡文学掾，掌管蜀地文化教育之事，传播儒学，培育人才。赵宁撰《乡俗记》，描述蜀中风俗民情，其文采为蜀中士人称道。一时之间，成都学风日盛，被誉为"乱世箫韶，西南邹鲁"。可以说，高眹任用赵宁，恍如文翁培养和任用张叔一样。

到南北朝之时，虽然战乱不已，但仍有志士承续文翁"以儒化蜀"的策略。

梁文帝的第十一子萧憺于天监九年（510年）拜益州刺史，广施仁政，剔除弊政，有感于西汉文翁"以儒化蜀"之功，"又兴学校，祭蜀郡太守文翁"，得到了蜀中士民的拥护。（据《南史·萧憺传》）

西魏大统十四年（548年），辛昂（字进君）为成都令，亦率诸生在学堂祭祀文翁，并与诸生一起欢宴。他告诫诸生：为人子要孝顺，做人臣要忠诚，做老师要严格，做朋友要讲信用，做人的原则应该如此。若不按此行事，怎么可以成名立望？各位若能自我勉励，就能够成就美好的名声。辛昂言辞恳切，道理讲得透彻，诸生为之感动并有所领悟，有的回家后告诉父母乡亲，辛君如此教诲，我们不能违背他的好意。于是街市秩序井然，服从辛昂的教化，成都乡邑迅速从纷乱转向安宁。（据《周书·辛昂传》）

降至北宋，仁宗庆历初年（1041年），诏令天下各府路建立学校培育人才。庆历四年，蒋堂由杭州以枢密直学士知成都。他好学不辍，工古文辞，尤好作诗，著有《吴门集》二十卷。他为人清廉，刚毅不屈，敢于得罪巨室，诛锄豪强；乐善好施，为百姓除弊兴利。赴成都上任之时，文翁石室校舍逼仄，蒋堂立即拨款在石室西侧另建斋舍，称之为"西学"；又增拨学粮以增生员，学生人数一时多至五百人。同时，在所属官吏中选择德才并茂、堪为师表的人担任郡学教师，并召集高才硕生会试，亲自评定等级，选其优者予以表彰，以资鼓励，又刻意培养吕陶等人。当时，吕陶年仅十三岁，蒋堂看了他的文章，便召集诸生诵读，称赞说："此贾谊之文也。"一座皆惊。在蒋堂的奖掖下，吕陶成为宋之名臣。（《宋史·吕陶传》）蒋堂增建斋舍，延师以教，传播学术，效法文翁培育蜀地人才的做法，得到了蜀中士人广泛的称道。

明神宗万历六年（1578年），成都知府耿定力见成都府学年久失修，乃捐出自己的俸钱，重修成都府学，三个月后便告竣工。殿庑更新，门堂崇丽，名臣曹楼在《重修成都府儒学记》中记曰："不独师儒宁其居，而圣贤栖灵之所亦足以肃拜瞻而虔禋祀矣。"意即不只是府学的老师们有了舒适的居住条件，而且府学里供养的先圣先贤的英灵也有了安息的地方，师生们也有了虔诚而庄严地祭祀先圣先贤的场所。

清世祖顺治十八年（1661年），四川巡抚佟凤彩驻节成都，循故例，在上任的第三日质明而起，盥而奠，集博士与弟子，谒先师孔子庙。然而到了成都府学，却没有看见人们所说的文庙，只在茂林丰草之间，由下属官吏们张起一块幕布，大家向着幕布行礼而已。佟凤彩非常不解，问其缘故。博士不无痛惜地回答：先师孔子庙是被火烧成为废墟的。祭祀先师之地，成为豺狼的巢穴，狐兔嗥叫的地方，都将近二十年啦。

佟凤彩严肃地说：孔夫子的学说，不但高深而且无穷无尽，是万世遵循的法规，超过佛学和老庄之学。现在佛老之徒演习他们的教仪，学习他们的教义，尚且在琼瑶一样的宫殿里，挂着金碧辉煌的圣像，摆出丰盛的祭品，伐鼓撞钟，盛其歌舞，奔走竭蹶，除灾求福。天下之人，全都把佛老之教当作自己的归宿。面对这种情况，成都的士人侧足儒林，佩服弦诵，宫墙之内又是大家唯一研讨儒学的地方，你们怎么能够坐视孔子庙圮废而不过问呢？

诸博士拱手行礼，上前解释说：成都刚刚收复回来，寇讧于东，士疲于伍，当事者忙于军政事务，哪里有时间修学校？

佟凤彩断然说：不对。学校设置的意义并非仅限于文教。军队有事出征，常在学校里面接受已定的谋略；抓住有罪的人，胜利返回之后，也要在学校里设置酒食祭祀先圣先师并计算军功。学校怎么会只与文教有关呢？过去汉高祖讨伐陈豨，在回沛的路上，经过鲁地，即以太牢祭祀孔子。至东汉光武帝中兴之时，临淄方定，天水尚未臣服，即亲自到太学视察。你们看，汉高祖不事诗书，光武帝白手起家，都在干戈扰攘的时候，留心仁义礼乐之宗，勉励天下人尊儒重道。何况现在的天子明圣继体，重熙山海，遗孽渐次削平。而且，成都系省会重地，为属郡观瞻、文翁遗教承续之地。怎么能够像现在这样，让夫子殿堂的屋檐与灵座上全都长满杂草，这不是成都儒林应该感到羞愧的吗？

诸博士再次上前行礼说：昔孔夫子坐车到卫国去，曰庶而富之，富而教之。今天成都的士民都是遭受兵灾、多数人死亡之后幸存下来的少数人，在精神上如怨鼠惊鸿，在生活上捉襟见肘，如果在这种情况下，还一门心思地去建学兴文，这不是太迂阔了吗？

佟凤彩驳斥道：嘻，学校是王政之本。夫子之言，谓非教无以保富庶，非谓待富庶而后议教也。假如不让那些困顿不堪的老百姓揖让于夫子之堂，习其衣冠剑履，观感兴起于善，反而放任他们渐趋于邪，可能用不了多久，杀运便会再次不能避免了吧。

诸博士无言以对，连连称是，恭恭敬敬地退下去了。

从上述辩论中的言辞可以看出，博士们对孔子的"庶""富""教"治国理念理解不够全面，只认识到经济发展是教育发展的物质基础这一个方面。而佟凤彩提出"夫子之言，谓非教无以保富庶，非谓待富庶而后议教也"，强调了上层建筑对经济基础的反作用，表明他对教育与经济的辩证关系有比较清楚的认识，对文翁治蜀的经验有比较全面的领会。当然，佟凤彩是封疆大吏，他所说的"非教无以保富庶"，应该还有潜台词，那就是"非教无以保江山社稷"。这不奇怪，文翁的教育实践早就证明，教育是要为一定的政治服务的。

这场辩论之后，佟凤彩立即与下属商量捐资等事务，竭力重修成都府学。顺治十八年（1653年）十月开工建设，历时两年，康熙二年（1663年）竣工。计建大成殿、启圣宫、大成门、棂星门、明伦堂、敬一堂各一座，又建两庑左右学舍及大门石室载启坊表等。佟凤彩在《重修成都府学记》中记有："翚飞鸟革，将将翼翼，过者望宫墙之崇高、起斯文之瞻仰矣。"

康熙四十三年（1704年），四川巡抚贝和诺与按察使刘德芳，为"绍往哲以开来"，在成都府学明伦堂后的文翁石室故址，创建省城锦江书院，以"不坠文翁之流风雅化"为主张，把文翁石室办学推进到了新的阶段。（刘德芳《锦江书院碑记》）

百年之后，嘉庆二十三年（1818年），蒋攸铦出任四川总督后，便想方设法调整锦江书院布局，扩大书院规模，整饬书院学风，全面、系统地把锦江书院改造和提升到了新的高度。蒋攸铦，字颖芳，号砺堂，辽东襄平（今辽宁辽阳）人。乾隆四十九年（1784年）进士，授翰林院编修，后任御史。任四川总督不久，便视学锦江书院，发现院风浮躁，即以"告示"的形式，告诫诸生"金针待度，莫入歧途"；应以崇正务实、"清真雅正为宗"，为"衡文之准"，整顿书院学风。（蒋攸铦《为别裁伪体告示》）同时，重新刊刻顺治九年题准刊立之卧碑——《学校条规》，置于明伦堂之左，以此晓示院生当"上报国恩，下立人品"。为彰显锦江书院渊源于西汉文翁所办之石室文学精舍，蒋攸铦还为书院题写了"文翁石室"匾额。至今,《学校条规》碑仍立于成都石室中学碑林,"文翁石室"匾额仍悬挂在成都石室中学文庙校区的校门之上。

嘉庆二十三年(1818年),清代四川总督蒋攸铦题写之"文翁石室"四字匾额

蒋攸铦就任四川总督之时,成都府学署刚修缮完工,"巍然焕然"。但是,与府学互为表里的锦江书院却显得寒碜,不仅布局"迂曲",而且不敷使用。于是,在整顿学风的同时,为了扩大办院规模和改善育人环境,蒋攸铦倡导重修锦江书院。蜀中士绅以及学政、司道以下在蜀地为官者积极响应,捐款捐物,对锦江书院进行了扩建和布局结构调整。蒋攸铦《重修锦江书院碑记》云:"或移而更之,或仍而新之,阅二月工竣。为门者三,为堂者二,为阁者一,为祠者一。堂左右为舍者五十。其他内寝外垣、庖厩井湢,咸治。"意即将学署与乡贤祠移置书院一侧,把办公区与教学区分开了。同时在学署移除后的空地上新建书院大门,在讲堂两侧增建斋舍五十间,增设诸生必需的学习和生活设施,使锦江书院成为名副其实的全川最高学府和文化教育中心。

蒋攸铦以四川总督的名义,践行"文翁之教",全面系统提升锦江书院的品质,既是对前任诸位总督和巡抚办学举措的补充与超越,也是对锦江书院的办院宗旨——"继石室之流风于无穷"从理论和实践两个方面进行了丰富和深化,影响甚为深远。

后续掌校者践行文翁之法

文翁办学教化作用明显，后世文翁石室的掌校者，无不推崇文翁的教育理念和教育方法。宋代成都府学学官李石有《石室》一诗云："来为人所爱，去为人所思。君看文与高，慈惠蜀之师。"清代锦江书院院长彭端淑亦称："文翁遗泽古今崇。"（彭端淑《再掌教锦江书院作》）

李石（1108年—?），字知几，号方舟，宋代资州（今四川内江资中，一说四川资阳）人。年轻时学习刻苦，经学造诣很高。到南宋都城临安后，跟从苏东坡的孙子苏符学习，从此为文汪洋恣肆，作诗纵横跌宕，颇具东坡风格。南宋高宗绍兴二十一年（1151年），李石中进士乙科，任太学录，后升太学博士。因骨鲠成性，不随声附和，被贬为成都府学学官，执教成都府学。因其品格高尚，经术、文章佳妙，莘莘学子如闽越之士，不远万里，西来成都，蜀中慕名前来者更不可胜数，一时成都府学生员多至三千人。较之号称极盛的蒋堂知成都府时府学生员五百人，增加了六倍。

李石十分崇拜文翁。他认为，文翁石室与周公礼殿，"规摹嶙峨东鲁似，气象缥缈西岷敌"（李石《府学十咏·礼殿》），即石室、礼殿的规模和制度，如巍峨的东岳泰山一样崇高，气象如西边的岷山一样缥缈。"其间几灰劫，付与一炬炊。保此岁峥嵘，不动山四维"。（李石《府学十咏·石室》）在峥嵘岁月中，石室为什么能够得以保存、不动如山呢？是因为有根基牢固的"四维"。所谓"四维",即儒家倡导的礼、义、廉、耻。意思是,文翁为石室文学精舍奠定有深厚的儒学基础。同时,李石强调学官和师资的重要性,主张应有严格的考核制度和办法。"泮林春风桑椹熟,集古坎坎闻晨挝。"(李石《府学十咏·左右生题名》)即使是在春天,只要晨钟敲响,文翁石室的学生便会闻声而起发奋学习。他还经常带着学生在石经堂里徜徉,和学生一起反复诵读、深入理解,并为诸生答疑解惑。正如他在《府学十咏·石经堂》里所说:"我来一登石经堂,从以诸生行两庑。"

李石对文翁石室有极深的感情。他著有《府学十咏》,对文翁石室中之礼殿、石室、殿柱记、左右生题名、礼殿晋人画、齐人画礼器、黄荃画屏、古柏、秦城、石经堂等一一咏唱,末一首《石经堂》长达四百二十言,不仅将礼殿、石室、石经、壁画视为珍宝,而且把校园内外的一碑一屏、一墙一木都视为不可多得的文物,细心照顾,严加保护。某年,雷雨将至,有人担心两棵汉时古柏经不住风雨,倒折时可能压坏房屋,想把它们砍去。李石听说之后,坚决不准。他说:房屋坏了可以重修,这两棵柏树砍了不可能复生,它们是老祖宗文翁留下来的啊!并且以宋代苏东坡《送家安国教授归成都》一诗中的"苍苔高昳室,古柏文翁庭"两句作为证明,与之相争,这样才把古柏保全下来。为了保护它们,李石原准备用铁索加固,以防风雨之暴,不料未能成功。最后,只好用累石作笼来保护它们的根部。

李石从成都去职后,在蜀中几个州做过通判、知州等。陆游在《感旧》一诗中赞李石曰:"君不见资中名士有李石,八月秋涛供笔力。初为博士不暖席,晚补台郎俄复斥。诸公熟睨亦叹息,摧压至死终不惜。生前何曾一钱值,没后遗文值金璧。"

彭端淑(1699—1779年),字仪壹,号乐斋,四川丹棱县桑黄坝人。幼而颖异,十岁能文,弱冠后益潜心于学,力追古人。雍正十一年(1733年)与弟肇洙同登三甲进士,授吏部主事郎中,乾隆十二年(1747年)充顺天乡试同考官。乾隆十九年(1755年)升授广东肇罗道。彭端淑到任之后,立即批准修葺当地的肇庆书院,"以近光亭、莲池位少偏东并宜撤,正堂舍之朽坏者宜修",不数年,书院便恢复了生机。

乾隆二十六年（1761年）彭端淑辞去官职，回到了阔别多年的四川。四川学使博卿额以彭端淑为部郎中之醇谨者，是一位有资望的道员，学问博洽宏通，特聘为锦江书院院长。乾隆三十五年（1770年），彭端淑再任锦江书院院长。八年之后，因年老体衰，足疾复发，行走困难，始辞职返乡。彭端淑两度执掌锦江书院，时间长达十四年之久，均遵循孔子的教育思想，践行文翁的教育理念，受到了一致称誉。

彭端淑对文翁高度尊崇。他在《锦城有感》一诗中说："风尘扰攘几经秋，老去归来卧益州""诗书远忆文翁泽，耕凿犹传李牧休"。"李牧休"，指秦时蜀郡守李冰凿离堆、修堤作堰之美德。即是说，彭端淑把文翁办教育开发巴蜀文化，与李冰修筑都江堰，使成都平原"水旱从人"，号称"天府"相媲美。

彭端淑博洽工诗文，诗学汉魏，文学左史，皆诣极精微，在京师时，与弟肇洙、遵泗俱知名于时，有"三彭"之称。张邦伸在《锦里新编》称他"几乎跨越一代，独有千古矣"。这样一位被士林奉为楷模、名重一时的饱学之士，在四川主持锦江书院时，如文翁一样"亲自饬厉"，以身作则，"渴饮岷江水，饥餐石室芝"（宋在诗《赠锦江书院彭乐斋院长》），口讲指画，十分认真，教授不倦，士多乐从。

彭端淑办学还注重选拔师资。彭端淑回到成都，任锦江书院院长时，十分注重网罗人才，遴选师资。他在《再掌教锦江书院作》一诗中写道："飘渺亭台通帝座，潇疏桃李点春风。相逢旧友兼新友，更叹衰翁异旧翁。"字里行间洋溢着对锦江书院旧友新朋的深厚情谊。

彭端淑的外祖父王庭诏是一位富有著述、名满天下的学者。彭端淑在《遁庵王公传》中记叙了王庭诏的训诲："汝祖豪杰士，以孤身当大难，保障一方全，活千余人。汝辈当体先志，崇实黜浮。又宜力学，毋自弃。"又说："淑等至今不敢忘。"可见，主张力学、崇实黜浮这一思想，贯穿在彭端淑的一生之中。

什么是"力学"呢？彭端淑在《赠僧》诗里强调"志士苦行"。诗前一小序云："四十年前在京师，有僧自眉州至京，刻韦驮一尊背回。苦行如此，用以示警。"诗云："有僧远自蜀中至，赤足峰头向我鸣。欲刻韦驮镇佛寺，为求巧匠到京城。一瓶一钵随缘化，千山千水背负行。志士苦行能若此，人间何事尚难成。"彭端淑认为，这种"志士苦成"的思想行为，表现在做学问上就是"力学"。

什么是"实学"呢？彭端淑认为，学术的根柢在经史，经、史、辞章等，便是"实学"。他在《雪夜诗谈》中说："六籍，文之经也；史、汉，文之纬也。一经一纬，而文出其中矣。不通六籍、史、汉、六代，而求工于文，譬之却行而求前也。司马迁博极群书，杜少陵读破万卷。二公之文，炳耀千古，岂不其学哉！"彭端淑告诉诸生，如果想"求工于文"，写出好文章，那就必须熟读《诗》《书》等儒家经书，以及《史记》《汉书》等史学著作。忽视经史根柢而想写好文章，那是"却行而求前"，根本办不到。而且他以司马迁、杜甫为例指出，博览群书、重视实学在治学中十分重要。彭端淑这种注重经史实学的教育理念，与文翁主张诵读"七经"同出一辙，与清末张之洞主办尊经书院时所主张的"学之根柢，必在经史"，故"教以经、史、辞章等朴实之学"等作育人才的观点，声气相通。

彭端淑有《为学一首示子侄》一文，开门见山提出自己的主张："天下事有难易乎？为之，则难者亦易矣；不为，则易者亦难矣。人之为学有难易乎？学之，则难者亦易矣；不学，则易者亦难矣。"他把"天下事"的"难"与"易"归结于办事人的"为"与"不为"，强调了主观能动性与实践、实干在解决问题中的积极作用，认为"学"与"不学"、"做"与"不做"才是事情成败的决定因素。接着，彭端淑循循善诱，说有两个和尚欲朝南海，贫者以一瓶一钵于一年后自南海还，富者欲买舟而下却始终不见行动。文章最后以"富者有惭色"，证明了"行先于知"的正确性。这篇文章曾经长期被选入中学语文教材，成为语文课本里的一篇课文，因此彭端淑的"为学"观念，对学过这篇文章的中学生有着不可低估的影响。

乾隆三十九年（1774年），彭端淑再掌锦江书院已有数年，石室讲堂自前次修葺已历五十年，秋季久雨，以致讲堂毁坏，彭端淑等捐出月俸，四川学使吴省钦拨款支持，于是重建讲堂，一时传为盛事。

彭端淑长时间主讲锦江书院，平易近人，指授不倦，深得院生后学尊重。

据现有资料，彭端淑的学生里先后中进士者有五人之多，包括杨卓、李鼎元、李骥元、钟文温、张仁荣等人，他们都是工古文辞、经史实学根基深厚的乾嘉蜀学俊才。

继石室之流风于无穷

　　文翁创办石室文学精舍就是要让人读书,用诵读儒家经典的办法诱进蜀风,改变人们的价值观念,改变蜀地文化的面貌。开始是读五经,继而读七经,后来读十三经。读书成为文翁石室的传统之一。

　　唐代实行科举制度以后,"朝为田舍郎,暮登天子堂"便是一代又一代读书人的梦想。渐渐,"时文""应试"成为时尚,读书成为一些人的敲门砖,严重冲击到了文翁石室办学的初心。

　　这种情况宋代就有。北宋端明殿学士、成都知府韩绛指出:"夫学校之法,所以养士";"岂徒华言以自矜,饰声名以自高,希宠利以自封"(韩绛《讲堂箴并序》)。至于学生,有的"不矜诵数而率履其言"(吕陶《经史阁记》),有的"自怠自弃"(李焘《新修四斋记》)。造成这一局面的原因,北宋历史学家李焘认为是"纯用科举为学"所致。他在《新修四斋记》中尖锐指出:"月书季考之法,纤悉备具,大率诱以禄利,故未见豪杰之士卓然自太学兴起者,此则士所以共叹也。"因此他建议,"复于科举外专精读书"。

　　延至清代,问题更严重了。原因是学校与科举制度的关系更密切了,学校甚至成为服务科举制度的工具。明清两代的科举基本上沿袭唐宋旧制,但制度和办法更加完备,最大的特点是以八股文取士。《明史·选举志》云:"科目沿唐宋之旧,而稍变其试士之法,专取四子书及《易》《书》《诗》《春秋》《礼记》

五经命题取士,盖太祖与刘基所定,其文仿宋经义,然代古人语气为之,体用排偶,谓之八股,通谓之制义。"

八股文从骈文脱化而来,严格规定了一套十分机械的文章形式。一篇八股文规定由破题、承题、起讲、提比、起股、中比、后比、束比等八个固定的部分和顺序组成。写八股文不允许有自己的独到见解,只能代圣立言,也不许违反格式。这种文体从明朝起采用,清承明制,控制科举考试五百年之久。这种极端形式主义的考试方法,直接禁锢读书人的思想,败坏学风,严重摧残人才。历代有识之士,无不进行揭露和抨击。清人袁枚在《随园诗话》中说:"读书人最不济,背时文烂如泥。国家本为求才计,谁知道变作了欺人技。三句承题,二句破题,便道是圣门高第;可知道三通、四史是何等文章,汉祖、唐宗是那朝皇帝。案头上放高头讲章,店里买新科利器;背得来肩背高低,口角嘘唏,甘蔗渣儿嚼了又嚼,有何滋味;辜负光阴,白白昏迷一世。就教他骗得高官,也是百姓朝廷的晦气。"

在以八股文取士的科举制度的荼毒之下,有清一代,不论是成都府学还是锦江书院,均深受其影响。康熙二十二年(1683年),廉吏王骘在《重修成都府学碑记》中慨叹道:"当此之时,士不尊师,吏不重士,趋把持之利者蝇集于樊,工策牍之智者宾人于幕。夫何以文翁教化之余而至此欤?"他建议,"使堂事者行文翁之政,俾蜀人士知经义不尽于帖括,德行不关于利禄"。

康熙四十三年(1704年),四川按察使刘德芳在《锦江书院碑记》中指出,在掌教者中,"有人视学为声利之场,第取其善为科举之文而尝得隽于场屋者,以相夸尚"。"而士无所传习,不务其实而驰于名也久矣"。他谆谆告诫学生们:"科名固足以荣当时,而所谓久大之业,绍往哲以开来,学宁尽乎是?若徒托执经问业之地,饰韦带青衿之誉,以虚声相慕悦,则更不足道,岂余之所期乎?"

为摒弃科举制度带来的弊端,刘德芳秉四川巡抚、右副都御史贝和诺"兴文教以植人材"之意,于康熙四十三年(1704年),将成都府学改为书院,并在石室故址,郡学右偏隙地,兴建锦江书院斋舍,"创置为门几楹,为堂筵斋讲,为藏书之轩,为宾师之位,为东西号舍,为庖湢游息之所"。规制崇宏,它无与此。期望生徒"皆蹈德咏仁，追前贤懿轨，上答天子升平文治之功，以无孤我公之教，且以继石室之流风于无穷"。（刘德芳《锦江书院碑记》）

即便如此，积弊仍然难以去除。后学们进步途径有限，科举似乎是其"金榜题名""光宗耀祖"不可放弃的所谓"正途"。诸生要想取得功名，非重视制艺时文方面的技法训练不可。而且，社会对一所书院的评价，主要是看其考取了多少举人和进士。这样一来，锦江书院的院长与教授们便陷入了两难之中，内心十分矛盾。譬如上文述及的锦江书院院长彭端淑，也不得不在倡导力学、实学的同时，顾及时文。彭端淑早年曾受蜀中制艺高手董新策点拨，本是写作科举时文的高手。为了诸生的功名，他曾根据八股取士时文的特点与要求，结合自身科考评卷的实际经验，编成《三彭合稿》（由彭端淑、彭肇洙、彭遵泗合著），以供锦江书院诸生模仿研习，借此提升诸生的科考应试能力。

然而，彭端淑既是锦江书院的院长，便要对书院、对院生全面负责。为科举而科举，为时文而时文，既不是他的初心，也不利于锦江书院的发展和人文士气的培养。所以，彭端淑在指导院生练习科举制艺的同时，特别重视经学、史学、辞章等实学的培养，并强调经史实学在科举考试中的重要作用，即忽略经史欲工于文（写好时文），那是缘木求鱼。

乾隆三十二年（1767年）春，顾汝修继彭端淑之后执掌锦江书院，其造士之法是笃行礼教与强化德育。他为院生题写的对联是："君臣父子昆弟朋友，虞廷惇此五典；德行言语政事文学，孔门列为四科。"在这里，"德行"被树为"四科"之首，与上联的"君臣"相呼应，即认为"德行"比"政事""文学"在人生中的价值更重要。

为了培养院生的良好德行，除了要求诸生时刻遵守儒家的礼教规则，顾汝修还充分利用锦江书院固有的历史价值和人文资源来教育诸生。乾隆三十二年（1767年），顾汝修一上任便向诸生讲述锦江书院的悠久历史，劝勉院生在这块"文翁化蜀"的教育"圣地"弘扬传统，维护和延续文翁石室之光荣。乾隆三十三年，他又向院生讲述文翁石室一直是巴蜀文化教育的中心，曾经培育出一批全国知名的文豪，清代之"锦江六杰"均肄业于此。接着题写了"蜀才渊薮"四字匾额，挂在奎星阁上，激发院生的自豪感和历史责任感，在这块培育过大批英才的地方，积极努力，修养自己的德行，提升自己的学问，励志成才。乾隆三十四年（1769年），顾汝修写下"嘉惠岷峨遗迹古，炳灵江汉载英多"的对联，寄托他对文翁石室的崇敬之情。这副对联，在嘉庆年间被重新镌刻于锦江书院的大门两侧，供院生瞻仰，可见顾汝修的历史传统教育在锦江书院影响深远。

乾隆三十九年（1774年），四川学使吴省钦在《重建锦江书院讲堂记》中呼吁"先经义而后时文，先行谊而后进取"，"虽蜀学再盛不难矣"。然而，到了道光后期，国内阶级矛盾与民族矛盾日趋尖锐，国外英、法、美、日等侵略者步步紧逼，清朝廷已经无意于"加意士风"之类的培根性的普通教育，而是急于培养和选拔能够解决现实问题的所谓"经国之士"，"治世之才"。受此影响，全国书院皆跟风进行所谓精英教育，诸生为了成为精英则醉心于制艺时文、科名功利，浮躁之风随处可见，一天比一天严重。

此时，难能可贵的是，道光十五年（1835年）以后，正在锦江书院院长任上的李惺，却没有推行"唯科名马首是瞻"的精英教育，而是坚持"文翁之法"，力图使书院诸生各有所得。光绪《垫江县志》卷八《西沤先生传》（李惺号西沤）记载李惺育才之法："先生之教人，亦不屑沾沾焉绳以文艺。因其材质之所就，揉之使化，道之使通，羽之仁义中正之途，使各有以自得。举凡训诂词章之末，功利智术之私，先生不以之教，学者亦不以之习。"李惺能够在清朝廷倡导所谓精英教育的大背景下，坚持"因材施教"的原则，综合运用多种教育方法，使不同风格的学生都能学有所得，成为不同层次的人才，这是极其不容易的。

李惺在《药言·三》中引用吕坤《呻吟语》说道："天下至精之理，至难之事，若以潜玩沉思求之，无厌无躁，虽中人以下，未有不得者。"这就是说，即使是才智处于"中人之下者"，只要教育方法得当，自己能够"潜玩沉思求之，无厌无躁"，也可以与之"语上"，使之掌握"至精之理，至难之事"。曾经，孔子在《论语·雍也》中说："中人以上，可以语上也；中人以下，不可以语上也。"李惺的这一主张，显然扩大了孔子所说的"可以语上"的受教育者的范围。

由此足见，正是因为有彭端淑、刘德芳、顾汝修、李惺等一批具有远见卓识的教育家，"文翁之教""石室流风"作为巴蜀文化教育最鲜明的基因和标志性符号，才能薪火相传两千余年，以至无穷。

第八章 殿礼周公 庙校合一——文翁教育遗产之二

阴历二月初四日，黎明之前，石室大成殿内火烛通明，香烟袅袅。孔子牌位前供奉着羊、猪、牛等祭品。"行初献礼！"通赞官一声唱罢，乐声大作，佾舞生起舞，歌童献歌。主祭官率百官行至孔子牌位之前，行一跪三叩之礼，并把帛和酒献于神案上。读祝生随之上前朗读祝文。如是三次献礼之后，便是饮福酒和受福胙，于是谢神、送神、焚帛、焚祝，功到礼成。这便是清末成都府文庙一次祭孔的情景。也许有人会问，为什么周公礼殿变成了大成殿呢？为什么只祭孔子不祭周公了呢？

汉时周公礼殿之兴废

文翁于汉景帝末年（前143—前141年）创立蜀郡郡学之初，在建筑石室讲堂的同时，于石室之东修建了周公礼殿。这是中国最早由官方修建在学校里的专门用来祭祀历代先圣、先师、先贤的殿堂，祭祀的具体对象为周公与孔子。这不仅是蜀学的一大盛事，而且对全国学校之教育功能与祭祀功能的合璧与完善，具有先导和示范的作用。

不料两百多年后，兵燹战乱之中，烈火飞炎竟然殃及石室。见诸史籍记载的，东汉期间，文翁石室曾两次被焚，第一次是安帝永初（107—113年）大火，第二次是灵帝中平（184—188年）大火。

安帝永初年间，成都已是西南地区经济中心，其南市则为繁华的新兴商业互市区。人口密集，屋舍相连。而文翁石室南靠秦城城垣和内江河道，正好位于成都少城外西南面的南市区内。大火的起因，据说是川西北少数民族叛乱，南入益州。大火极为惨烈，火势波及整个成都，都市几为瓦砾场，南市亦尽遭焚毁。郡学自不能幸免，文学斋舍和文翁祠堂俱焚，仅文翁石室尚存。《华阳国志·蜀志》载："永初后，堂遇火。"宋·欧阳修《集古录》卷二记载："安帝永初间烈火为灾，堂及寺舍并皆焚燎，惟石室独存。"这里的"惟石室独存"，其意不言自明——文翁所建之周公礼殿，在这次永初大火中遭遇不幸，被焚毁了。

文翁石室第二次遇火是在汉灵帝中平年间。

唐李膺在《益州记》中载："后汉中平中，火延学观，厢廊一时荡尽。唯此堂火焰不及。构制虽古，而巧异特奇。壁上悉图古之圣贤，梁上刻文宣及七十弟子。"

宋人吕陶在《经史阁记》里记载："至东汉之季，四海板荡，兵火相仍，灾及校舍，弦诵寂绝，儒俗不正。兴平中，郡将陈留高眹修旧补废，作为庙堂，模制闳伟，名号一新，所谓礼殿者见焉。"

《周公礼殿柱记》也载："四百年之际，变异蜂起，旋机离常，玉衡失统，强桀并兼，人怀侥幸，战兵雷合，民散失命，烈火飞炎，一都之舍，官民寺舍，同日一朝，合为火炭，独留文翁石室庙门之两观。"何为"庙门之两观"？大约就是今天还能看见的大门两侧两两相对的"汉阙"。

以上三段文字，记述的应该是同一次火灾，也就是汉灵帝中平年间的那一次大火。因为中平年间距东汉灭亡只有20余年，吕陶称此时为"东汉之季"无疑是准确的。而且中平年间正好是汉兴的390年至395年之间，因此《周公礼殿柱记》称之为汉兴"四百年之际"也是正确的。

上述三段文字还告诉大家，文翁石室在东汉遭遇的第二次火灾，并非人们不小心造成的安全事故，也不是遭受雷击之类引发的自然灾害，这次大火是因为汉代末期朝廷式微，已为"三国"前夜，军阀力政，兵火相仍，这才灾及郡学校舍。

不过，对灾情的估计，三者并不相同。李膺认为"厢廊一时荡尽，唯此堂火焰不及"。从后文看，这里的"堂"应该是指周公礼殿。也就是说，周公礼殿没有被烧毁。吕陶则言辞含糊，仅仅说"灾及校舍"，灾后高眹对周公礼殿也只是"修旧补废"而已。《周公礼殿柱记》却认为灾情十分严重，全城的房舍都成为火炭，郡学也"独留文翁石室庙门之两观"。即是说，文翁石室除了"石室"与"庙门"两处，其他的校舍，包括周公礼殿，全部被烧为了灰烬。

读到这里，细心的人可能会问：永初大火时，周公礼殿不是已经被焚毁了吗？中平大火时哪里还能有"唯此堂火焰不及"之说？难道永初大火之后、中平大火之前有人重建过文翁石室，重修了周公礼殿？

这一点是肯定的。没有重建，弦诵如何延续，大火如何能够再次延及？

汉安帝在位时，太学荒废，博士不讲学，校舍破败，以至沦为放牧之地。《后汉书·儒林传序》载："自安帝览政，薄于艺文，博士倚席不讲，朋徒相视怠散，学舍颓敝，鞠为园疏，牧儿荛竖，至于薪刈其下。"太学荒废如此，郡学可以想见。这也可能是郡学对大火疏于防范的原因之一。

顺帝即位后（126—144年），左雄、翟酺先后上言，请缮修太学。顺帝"乃更修黉宇，凡所造构二百四十房，千八百五十室"（《后汉书·儒林传序》）。之后又广辟太学生员。上有所行，下必效之。蜀郡学校也迅速恢复，规模空前。此时，广汉冯颢任成都县令，"立文学，学徒八百人"（《华阳国志·蜀志》）。从安帝永初大火到顺帝年间，不过十来年，如果没有在废墟瓦砾之上大造学校斋舍，何以容纳这八百人？那么，郡文学（文翁石室）呢？也重建了，而且一定重修了周公礼殿。据《后汉书·礼仪志》称，早在永平二年（59年）三月，汉明帝即倡导在郡县学校中祭祀周公、孔子。那时的礼殿可能为木结构建筑。《太平寰宇记》卷七十二引任豫《益州记》云："（礼殿）堂基高六尺，厦屋三间，皆图画古人之像，及礼器瑞物。"

那么，中平大火（第二次大火）到底有没有焚毁周公礼殿呢？

可能在新的令人信服的证据出现之前，这个问题没有明确的答案。然而，不论怎么说，中平大火延及学馆，厢廊一时荡尽，周公礼殿这座木质建筑即使没有被大火直接焚毁，也会在烟熏火烤中受到严重的损伤。大火之后，无论是谁重建文翁石室，周公礼殿也会在重建之列。

中平年间的动乱和大火，高眹是亲历者。因为他是在汉灵帝光和五年（182年）蜀郡太守赵瑶徙治广汉郡之后，继任的蜀郡太守。

大火之后，面对残垣断壁，作为一郡之首，高眹既痛心于"礼乐崩塌，风俗混乱，诵读已绝，倚席离散"，又胸怀"礼兴则民寿，乐兴则国化"的治国理念，于是以"仁爱好教化"的文翁为榜样，毅然筹集经费，鸠工庀材，重修学宫，重建礼殿，并于汉献帝兴平元年竣工，再兴教化，以淳民情。

汉献帝兴平元年，即公元194年，正好是汉兴"四百年之际"。可是，天下并不太平。这年春，曹操攻徐州陶谦，刘备援之。马腾、韩遂与李傕战于长平观。四月，曹操略地至琅琊、东海。陈留太守张邈迎吕布、拒曹操。随后曹操与吕布战于濮阳。七月，三辅大旱，谷贵，长安中人相食。八月，冯翊羌攻西部属县。十二月，徐州牧陶谦死，刘备暂领州牧。同年，刘焉徙治成都为益州牧。随即州夺郡文学为州学，新的蜀郡郡学被迁到了夷里桥之南。十二月，刘焉死，子璋继任益州牧。可以说，从东至西，战火遍地，天下大乱，民不聊生。《周公礼殿柱记》称"变异蜂起，旋机离常"；"战兵雷合，民散失命"，并非信口开河。

而且，兴平元年是高眹在蜀郡太守任上的最后一年。高眹治蜀一共十三年。他重教化，决心复兴讲堂，不避艰险，不辞劳苦，赶在离任之前，为文翁石室做出了重要贡献。这样的作为，这样的功绩，无论如何都应该得到历史的尊重。

高眹重修的周公礼殿，仍在文翁石室之东。殿制仍古，基高六尺，厦屋三间，井斗异制，柱皆削方，上狭下广。左柱书有高眹修学舍记，凡三百四十二字，传为汉末钟会隶书刻其上。殿之壁高下三方，悉图画三皇五帝、孔子七十二弟子及三代两汉君臣像，并有板壸护先圣像。高眹增建之石室，在文翁石室之东南侧，与文翁石室大小差不多。

石室礼殿自汉代建成后，经魏、晋数朝的增饰、维护，绘祀人物也有增添，历南北朝、隋唐五代、北宋、南宋，直至元、明，以其古朴的风格、精湛的画技，深得文人雅士喜爱，一再被外地学宫效仿。

高眹重建周公礼殿，使文翁开创的以周公礼殿与石室为标志的左庙右学"庙校合一"的官学体制，一直保持到了清朝末年，历时两千多年。不仅对蜀地学校，而且对全国学校将教育功能和祭祀功能完美结合在一起，有着不可忽视的示范作用。高眹重建郡学礼殿，为发展与弘扬文翁仁化之教创造了条件，蜀人的尚文之风、蜀地的文化鼎盛之势得到了奠定和延续。宋代诗人宋祁有《府学文翁祠画像十赞》，其中《高眹赞》云：

显显若人，有政自律，摘民耳目，尊右儒术。晚汉多艰，校屋荡焚，经生罔依，弦诵不闻。君大绍兴，新堂及庑，绘帝王以还，冠服所祖。大披翱翔，坐复邹鲁，与文偶祠，血食千古。

蜀学祭祀体系的形成

周公礼殿自建立之时起，殿内壁上即绘先圣周公、先师孔子及七十二弟子等画像，以供祭祀和瞻仰。

据南宋祝穆编撰的《方舆胜览》卷五一载："初公（文翁）为礼殿，以舍孔子及七十二子之像，殿右庑作石室舍公像于中。"《四川通志·学校志》记载："景帝时，文党为蜀郡守，修起学宫，为礼殿以舍孔子。"北宋蜀人黄休复在其《益州名画记》中说："《益州学馆记》云，献帝兴平元年，陈留高朕为益州太守，更葺成都玉堂石室，东别创一石室，自为周公礼殿。其壁上图画上古盘古、李老等神，及历代帝王之像。梁上又画仲尼七十二弟子，三皇以来名臣。"

有关孔门弟子的画像在汉代（尤其是东汉时期）是热门题材。著名的鲁峻石壁残画像、山东邹县面粉厂出土的画像石，都是东汉末年的作品。所以，两汉时期在蜀郡文翁石室周公礼殿内，画七十二弟子像的说法是可信的。

元人费著的《成都周公礼殿圣贤图考》云："殿之壁，高下三方，悉图画上古以来君臣及七十二弟子像。""嘉祐中，王公素命摹写为七卷，凡一百五十五人，为《成都礼殿圣贤图》。绍兴中，席公益又摹写于石经堂，凡一百六十八人。案：《续记》可辨识姓名者一百七十三人，今貌像宛然者一百四十九人，仅存仿佛者三十二人，姓名存者六十五人。"

那么，具体地说，文翁石室周公礼殿内画的是一些什么人呢？

费著在《成都周公礼殿圣贤图考》中把在元代可辨识姓名者一百七十二人的姓名记录下来了。兹谨录于后：

盘古	伏羲	神农	仓颉	沮诵
黄帝	少昊	高阳	祝融	高辛
尧	舜	禹	咎繇	稷
契	伯夷	夔	汤	伊尹
高宗	傅说	太王	太伯	王季
文王	太颠	闳夭	散宜生	南宫适
武王	太公	周公	成王	召公
仲山甫	宣王	管仲	子产	李冰
老子	孔子	颜回	闵损	冉雍
冉耕	蘧瑗	冉求	端木赐	卜商
乐欷	仲由	有若	宓不齐	原宪
商泽	曾参	南宫韬（《史记》作南宫括）		
公冶长	言偃	公西葴（《家语》作公西减）		
颜高（《家语》作颜刻）		公西赤	樊须	宰予
高柴	任不齐	漆雕开	颜哙	冉孺
漆雕徒夫（《家语》作漆雕徒）			荣旂（《家语》作荣祈）	
奚容箴（《家语》作奚箴）		澹台灭明	琴牢	廉瑀
施之常	公伯寮	秦商	后处（《家语》作石处）	
石作蜀（《家语》作石子蜀）			邦巽（《家语》作邦选）	
巫马施（《家语》作巫马期）		廉洁	梁鳣	燕伋
孔忠	商瞿上（《家语》作商瞿）		郑国	曹恤
公皙哀（《家语》作公西哀）			壤西赤（《家语》作壤驷赤）	
颛孙师	原元籍（《家语》作原籍）		公肩定（《家语》作公肩）	
漆雕哆（《家语》作哆）			曾点（《史记》作蒧）	
公孙勾兹（《家语》作公孙祖兹）			步叔乘	秦非

左人郢（《家语》作左郢）			颜无繇（《家语》作无由）	
司马耕	颜祖（《家语》作颜相）		申傥（《家语》作申绩）	
秦祖	伯虔	颜幸	邬单	叔仲会
公孙龙	冉季	秦冉	公良孺	狄黑
孟轲	萧何	张良	叔孙通	陆贾
汉文帝	贾谊	文翁	汉武帝	董仲舒
公孙弘	倪宽	司马相如	王吉	萧奋
戴胜	匡衡	王尊	李疆	庄君平（即严遵）
刘向	扬雄	汉光武	邓禹	张谌
张湛	桓温	刘平	钟兴	第五伦
廉范	班固	黄昌	种暠	马融
李膺	高朕	陈实	服虔	陈纪
郑玄	诸葛亮	庞统	董和	费诗
谯周	钟繇	王肃	羊祜	张华
杜预	王濬	夏侯湛	乔智明	范广
王遵	谢安	桓石虔		

由此可推断，文翁石室周公礼殿祭祀体系是从两汉起逐步形成的。不但祭祀建制系统化、正规化，而且祭祀对象也已初步固定，所祭祀者在一百七十二人以上，孔子及弟子在名单中得以整体呈现。中央王朝直到唐代贞观二十一年（647年）才形成孔庙陪祀制度及其人选，较文翁石室晚四百余年，范围和规模都比周公礼殿小得多。

文翁石室周公礼殿祭祀体系的第一个特点是正气浩然。

周公礼殿祭祀的人物，有从上古至周代的圣君、贤臣，如盘古、伏羲、神农、尧、舜、禹、周公、召公、宣王、管仲、子产等；有上古贤人及春秋战国以来的学术人物，如仓颉、沮诵、老子、孔子、孔门弟子，以及郑玄、谯周、王肃、杜预等；还有秦以来的名君、贤臣及名儒，如李冰、萧何、张良、叔孙通、陆贾、贾谊、文翁、董仲舒、刘向、扬雄、李膺、高朕、杜预等。他们开天辟地、披荆斩棘、革故鼎新，对国家、民族做出了巨大贡献。

周公礼殿在成都，其祭祀体系也是蜀地的祭祀体系。然而周公礼殿的祭祀对象大多数不是蜀地人。他们是中华民族传说中的神、始祖，中央朝廷的名君、名相、名臣，从古至今享有盛誉的思想家、文学家和教育家。祭祀对象中的蜀人，他们也是弘扬古圣先贤，影响深远。如扬雄名列于"汉赋四大家"之中，庄君平的主要著作是《道德真经指归》和《易经骨髓》，扬雄也仿《易经》作《太玄》，仿《论语》作《法言》，有"汉代的孔子"之称。由此可见，周公礼殿祭祀体系摆正了地方和中央的关系，没有狭隘的地方观念，明确地宣示蜀郡是汉朝的一部分，蜀人是炎黄子孙。

文翁石室周公礼殿祭祀体系的第二个特点是博大精深。

学者舒大刚、任利荣在其合著之《"庙学合一"：成都汉文翁石室"周公礼殿"考》一文中说，如《成都周公礼殿圣贤图考》记载，周公礼殿所祭祀者，"如果细分可列六类：一是盘古、伏羲、神农等传说中的神圣，二是尧、舜、禹等历代圣君，三是咎繇、伊尹、傅说等历代名臣，四是仓颉、沮诵、老子等学术人物，五是孔子及弟子等儒林人物，六是与巴蜀有关的人物特别是巴蜀名宦，如李冰、文翁、高眹等。时代则自上古迄魏晋，范围博大系统，集中体现了'道统、政统、学统'及'乡情'等诉求，极具包容性和示范性。这一体系的建立，比唐宋以后形成的孔庙只祭孔子及其弟子的格局具有更高价值，因而学人称之为'名人纪念堂'"。

文翁石室周公礼殿祭祀体系不但"范围博大"，而且对祭祀对象做过精心深入的甄别和挑选。

孔子弟子三千，贤者七十，只是一种概略的说法，而且众说纷纭，要从三千弟子中选拔出贤者，并得到认同，谈何容易。然而，在《成都周公礼殿圣贤图考》所列享祀者名单中，从"颜回"起至"狄黑"止（其中"蘧瑗"除外，他是卫国的大臣，孔子的朋友，不是孔子的弟子），正好七十二人。

但是，《史记》《家语》所列孔门弟子为七十七人。如果把周公礼殿孔子七十二弟子的名单，与《史记》的七十七弟子名单相比较，少了公夏首、句井疆、罕父黑、颜之仆、县成、颜何、公西舆如等七人，多了琴牢、廉瑀二人。很有可能，费著抄录的周公礼殿七十二弟子名单，是在西汉文翁于周公礼殿初建时所绘孔子及七十二子之像，以及司马迁所著《史记》的七十七弟子名单的基础上，经过精心比较和优选之后，产生于东汉末年的。后来，孔门七十二弟子名单，还有过一些鉴别和增减，但变化已经不大了。

除孔门七十二弟子，其他先圣、先师、先贤的祭祀地位在高眹礼殿里也基本确定下来。后来虽有增益，但并不多。王应麟《玉海》载《益部耆旧传》曾记录刺史董荣增谯周像，令李通颂之。又因李业高节，亦增入。至北周朝，据李膺《益州记》，增豆卢辨、苏绰。

东汉周公礼殿建立的祭祀体系，既是历代贤君名臣（政统）的荟萃，也是历代学术文化（道统、学统）以及地方文化之代表人物（乡贤）的遴选。这恰好反映了当时的社会思想情况。汉文帝、景帝尊尚黄老之学，汉武帝独尊儒术，而刑名之学则是汉朝廷始终注重的，"大一统"战略正一步一步推进。

从另一个角度看，高眹是真懂文翁的。入蜀十年之后的文翁已经不只是一个儒者、儒官，他对蜀地本土文化有所研究，已经着手把蜀文化和中原文化结合起来。文翁修筑周公礼殿就是要展示中华文化。他要带领弟子们去认识已有的古圣先贤和英雄豪杰，他要用已有的优秀文化成果去濡染弟子们，让他们在博大精深的中华文化的滋养下成长为大儒，成为不同凡响的学者。高眹以及后来治蜀的官员，遵循文翁的思路，在周公礼殿里增益画像，不惜包罗中华文化之万象，形成为完整的祭祀体系。这不仅与文翁的教育思想和家国情怀相契合，也为中华文化在蜀地的传承做出了突出的贡献。

礼殿画文精妙可观

《尚书大传》云："庙者，貌也，以其貌言之也。"

中国古代对所祭对象的呈现方式，一般有立尸、设主、遗物、塑像、绘画等。文翁石室周公礼殿所祭对象的呈现，主要采取图画方式。正如宋祁在《文翁祠堂记》中所载："初，翁为礼殿以舍孔子及七十二子之像。"又如李膺在《益州记》中所载，后汉中平中，郡学周公礼殿"壁上悉图古之圣贤，梁上刻文宣及七十二弟子"。

这种方式直观，庄严生动，具有感染力，方便易行，自古广泛为人采用。随着时间推移，周公礼殿一次又一次地修缮，图画也必然会反复绘制。晋唐之际，不时便会有书法家、画家趁礼殿修葺的机会，在其内壁上、梁柱上留下精美的壁画、图像和书法作品。此例一开，在成都，无论是道教的还是佛教的建筑里一般都有画，尤其唐代成都建的庙宇里，壁画更是普遍，许多出自名家、大师之手（详见黄休复《益州名画录》），在这些庙宇中绘画应该受到了文翁石室周公礼殿的影响。

在文翁修建的周公礼殿里，绘画周公、孔子及七十二弟子像的画家是谁？在高朕重修的周公礼殿里画像的画家又是谁？现在已不可考。唐《益州学馆庙堂记》称"庙堂东南柱上，钟会八分书"云云。但王象之《舆地碑记目》又云：钟会入蜀，距献帝兴平年间已有七十一年，"不应追书也"。

那么，两汉之后，在周公礼殿里绘画的作者又有多少被世人所知呢？

西晋武帝泰始中（265—274年），益州刺史董荣曾增画谯周像于州学，并命从事李通颂之。其颂曰："抑抑谯侯，好古述儒。宝德怀真，鉴世盈虚。雅明美迹，终始是节。我后欣贤，无言不誉。攀诸前哲，丹青是图。嗟尔来叶，鉴兹显模。"又因李业气节崇高，也增绘入礼殿。（《益部耆旧传》）

然而，高联之后第一个在周公礼殿内大面积修复、涂饰与增绘人物的是西晋益州刺史张收。张收，河北安平人，西晋文学家张载、张协、张亢之父，善画人物故事。晋太康中（280—289年）为益州刺史，见郡学周公礼殿内壁之上高联时所画之图画，周公、孔子及七十二弟子，以及三皇、五帝、三代至汉以来君臣、圣贤人物像，色泽已败，且有剥落，乃精心涂绘，并增画了魏晋名流于壁间。于是灿然满殿，美不胜收，让人恨不克见。（《益州名画录》）

东晋书法家王羲之（303—361年）得知成都汉时讲堂遗迹内有精美图画之后，便迫不及待地给友人周益州写信，询问情况。这就是著名的《汉时讲堂帖》了。全帖共六行四十九字，云：

> 知有汉时讲堂在，是汉何帝时立此？知画三皇五帝以来备有，画又精妙，甚可观也。彼有能画者不？欲因摹取，当可得不？信具告。

"周益州"是什么人？其人姓周，名抚，字道和。东晋穆帝永和三年（347年），桓温攻成都，周抚被任为益州刺史，自此镇守成都十八年，直至公元366年卒于成都。周抚与王羲之既是世交好友又是亲戚，两人书信往来十余年。这一次，王羲之不但称赞周公礼殿绘画"精妙""可观"，还问讲堂是汉朝哪个皇帝时建立的，成都有无善于绘画的人，能不能够摹取，表现出了超常的兴趣。一代书圣如此醉心，可见文翁石室周公礼殿壁画的艺术价值和教化意义已远近皆知。

东晋末，名将朱龄石，义熙九年（413年）授益州都督，灭亡谯纵治下的蜀国，受封丰城县侯之后，便将宋武帝檄谯纵文刻于石室之壁。（《唐·李吉甫《元和郡县志》》）

南朝齐武帝永明十年（492年），刘悛为成都刺史，再修石室与周公礼殿，

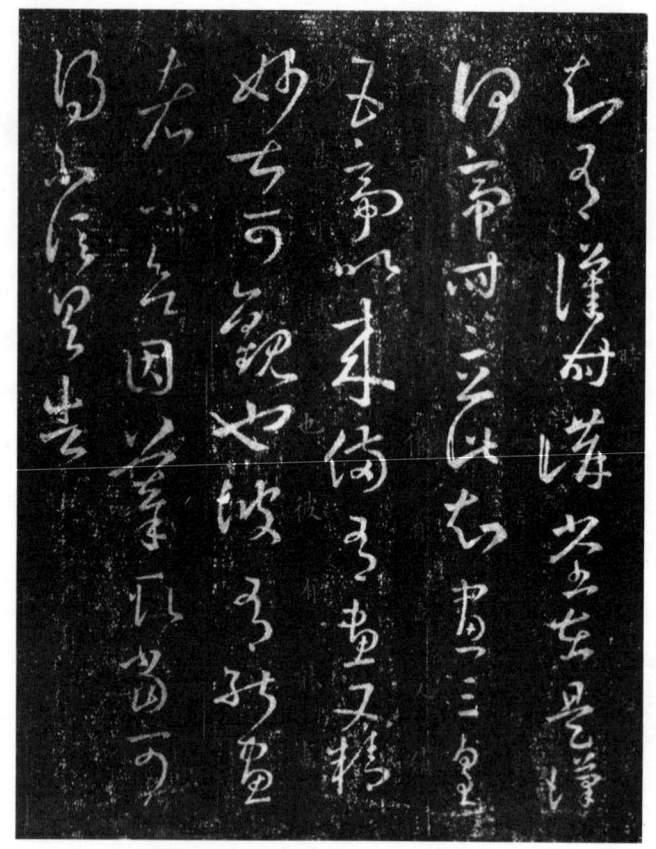

王羲之草书《十七帖》之"讲堂帖"拓本

灵宇严肃，令人崇敬，并完善祀典制度。刘俊之弟刘瑱，性情率真，为当时之绘画妙手，在周公礼殿画了孔子像，画了孔门所设四门学科（即德行、言语、政事、文学）的示意图，画了孔门"十哲"之像，还画了车服礼器等瑞物于壁。

北朝北周代王更以丹青饰古画，并加绘了豆卢辨、苏绰之像。

时至五代，著名画家邱文播与黄筌，均为成都周公礼殿绘画。在先圣像画龛后的板壁上，邱文播画山水，黄筌画湖滩。（到元时，邱画亡，独黄画存。）黄筌（约903—965年），字要叔，成都人。历仕前蜀、后蜀。为西蜀画院的宫廷画家，擅花鸟，所画多为珍禽瑞鸟，奇花异石，画风工整富丽，反映了宫廷的欣赏趣味，被宋人称为"黄家富贵"。黄筌还为礼殿绘制了屏风，并在《益州名画录》中专门记录了礼殿图像。

文翁石室之"周公礼殿图",栩栩如生,光彩照人,若神人降临,绘画技巧高妙,被历代文人雅士视若珍宝。宋人李石作《府学十咏·礼殿晋人画》,云:

> 成都名画窟,所至妙宫墙。风流五代余,轨躅参隋唐。其间礼殿晋画为鼻祖,未数后来鸿雁行。画者果谁欤?或云名收人姓张。右军问蜀守,墨帖求缣缃。乃知前辈人,不爱世事妆。范琮杜措李怀衮仙荒佛,恠驱喝雷电,笔意窥渺茫。不若收所画,上自皮羽之服,下至垂衣裳。盘古众支派,帝霸皇与王。君臣分圣贤,有如虎豹龙凤殊文章。视之若有见,日月星辰空中垂耿光。听之如有闻,衡牙玉佩鸣以锵。三古以降历今世,视听所感犹一堂。乃知此画有神品,碌碌余子非所望。吾道久已屈,二氏争颉颃。岂惟收已见绌,余子下尚有公议,老我双鬓苍。

此诗先用王右军问蜀守、醉心礼殿绘画的故事,介绍画作者张收,极言礼殿绘画优秀;接着由服饰写到人物,次第描述画图内容:人物神采奕奕,若见"日月星辰空中垂耿光";衣饰栩栩如生,犹闻"衡牙玉佩鸣以锵"。上古、中古、近古圣哲以及时贤济济一堂,音容笑貌宛若眼前。最后,评判礼殿画为"神品"。"神品"是中国古代绘画的一个评价等级,指画技高超,刻画事物的精神本质达到了至高境界,可作范本临摹学习。

神品在世,睹之不易,令人难忘。直至礼殿画像在宋末被兵火毁坏五百年之后,清朝乾隆四十年(1775年),乾隆皇帝还向当时四川守臣提及古礼殿画像,并"垂问存否"。

其实"礼殿晋人画"的提法并不准确。李石也说,"然画之后先既无可考,则当以收为正"而已。

周公礼殿之书画,争议较大的一件是题写在礼殿木柱上的《周公礼殿柱记》。有学者认为,高眹以郡守之尊兴建郡学官寺、石室,依东汉常例,如有题记,理当树碑刻铭,彰之于后世,而不至仅在殿中木柱上题写。成都气候温湿,木材易朽。若《周公礼殿柱记》为高眹所题,其木柱早应成土灰,宋、元之人何以得见?

高眹建成周公礼殿之年是公元194年。这一年，整个国家，"变异蜂起，旋机离常，战火遍地，民散失命"。对于成都来说，194年也是一个特殊的年份，人事变动特别大。这一年，刘焉徙治成都为益州牧，高眹却从蜀郡守上离任了。刘焉旋即州夺郡文学为州学，郡学被迁到夷里桥之南。转瞬之间，高眹辛辛苦苦修建起来，刚刚竣工的石室与周公礼殿便告易手。刘焉把文翁石室抓到手里之后，文翁石室成了州文学，校长自然立即换新人。然而，人算不如天算。刘焉于这年十二月便去世了，子璋继任为益州牧，州学换人便又势在必行。

在这种情况下，已经离任的高眹还有多少"郡守之尊"，还能在文翁石室"树碑刻铭"吗？即使想回到文翁石室，在周公礼殿木柱上题记，也难以办到。也许是周公礼殿的营造者，也许是文翁石室的某位教授，出于义，感于情，提笔用八分书，在崭新的礼殿柱上题写了《周公礼殿柱记》，算是对历史留有一个交代吧。当然，成都周公礼殿内的绘画与题刻不是一朝一时之事，晋唐之间，修葺、涂饰、增绘者众。他们之中的有识者，或一时兴起，追书此记于礼殿柱，也不是没有可能。

至于留存久远，撰书者应该没有想过。乱世中的普通人，不会太多顾虑未来。谋事在人，成事在天。保存千年的木塔，不是也有。高眹办事一丝不苟，选料考究，加工严格。机缘巧合之下，便到了宋代，已越千年。据史籍载，这座三开间的木结构礼殿，宋时依旧巍巍然屹立在文翁石室之东。它东南方的那一根木柱，应该没有在维修时被替换过吧！

杨慎《全蜀艺文志序》云："昔汉代文治，兴之者文翁。礼殿之图，后世建学仿焉；七十子之名，马迁之立传征焉。当时号为'西南齐鲁，岷峨洙泗'。文之有关于道若此，文翁之功不可诬也。"即是说，汉代的文治，是文翁兴起的。文翁石室之"礼殿图"，成为后世兴学、立庙者仿效的蓝本；孔子"七十子"之姓名，成为司马迁修《史记》时考证的依据。当时的蜀郡被称为"西南齐鲁，岷峨洙泗"。文翁石室在开创汉代郡国学校外，还在立殿祭祀周孔、图绘孔子及七十子等方面，为后世学校树立了榜样和规范。文翁功不可没。

唐之礼殿　专祀孔子

唐代文翁石室最大的改变是周公礼殿被改建为"文宣王庙",罢祭周公,专祀孔子。

初唐时期,周公礼殿的祭祀体系并未改变。毕竟,"文武周公"是儒学的奠基人,是孔子最崇敬的古圣人。而且,李唐王朝依靠关陇集团而建立,关陇集团在文化上信奉周公。所以,唐高祖武德二年(619年)诏令"庙周、孔于胄监",国学各立周公庙、孔子庙一所,以周公为先圣、孔子为先师,四时致祭。韩愈为排斥佛老之说,亦大力宣扬儒家道统,提出尧、舜、禹、汤、文、武、周公、孔子、孟子的统序。

唐太宗即位之后,大臣房玄龄、朱子奢对周公的先圣地位提出了质疑:"周公、尼父俱是圣人。庠序置奠,本缘夫子,故晋、宋、梁、陈及隋大业故事,皆以孔子为先圣,颜回为先师,历代所行,古人通允。伏请停祭周公,升夫子为先圣。"(《唐会要》卷三十五《学校》)太宗从其议,贞观二年(628年),"诏停周公为先圣,始立孔子庙堂于国学。以宣父为先圣、颜子为先师"(《旧唐书》卷一八九上《儒学传上》)。由此国学专以孔为祀,乃成定制。贞观四年,又"诏州县学皆作孔子庙"(《新唐书·礼乐志》)。从此各州县多于学宫旁建立孔庙,庙学合一,历代相袭。

高宗永徽二年(651年)出现了反复。《永徽令》称:"改用周公为先圣,遂黜孔子为先师，颜回、丘明并为从祀。"但是，仅仅六年之后，显庆二年（657年），便遭到了以太尉长孙无忌为代表的大臣们的反对。同年七月，礼部尚书许敬宗等言："依今，周公为先圣，孔子为先师……周公践极，功比帝王，请配成王。以孔子为先圣。"（《旧唐书》卷二四《礼仪志四》）高宗接受建议，诏立"孔子为先圣"。

唐玄宗登基（712年）之后，肯定唐高宗的做法，"凡春、秋二分之月，上丁释奠于先圣孔宣父，以先师颜回配"（《唐六典》卷二十一《国子监》）。"开元册谥文宣王，位南向，自号文宣王殿矣，而周公之祀遂废"（《蜀中广记》卷一录《方舆胜览》）。周公在文庙里的供奉资格就这样被永远地取消了。

那么，文翁石室周公礼殿是在何年何月罢祭周公、专祀孔子的呢？

宋洪适《隶释》称：公元656年以后，即唐高宗"显庆以来，以孔子为先圣，今礼殿无周公像矣"。又，唐玄宗开元中（713—741年）益州州学刻立周灏撰文的《孔子庙堂碑》。百年之后，唐武宗会昌五年（845年），在州学修文宣王庙，镌立宰相裴坦撰文的《修文宣王庙碣》。

这说明，在唐高宗显庆年间（656—660年），成都文翁石室周公礼殿内已无周公像；唐玄宗开元年间，周公礼殿被改称为文宣王殿。武宗会昌五年（845年），成都周公礼殿被改建为"文宣王庙"，遵旨，每年农历二、八月上旬丁日，释奠先圣孔宣父，以先师颜回配享。

人们不禁要问，唐太宗李世民、唐高宗李治、唐玄宗李隆基为什么要停止祭祀周公，升孔子为先圣呢？

如果按上文所述，唐太宗是以前朝故事来否定周公的；唐高宗接受大臣们的意见，认为周公应当在先代帝王祭祀中配享周成王。唐玄宗则是因为对非天子却主政七年的周公耿耿于怀，这才不承认周公摄政的历史功绩。

其实，这些都是表面原因。深层次的原因，可能要在唐代的宫廷争斗中去寻找。

隋大业十三年（617年），山西留守李渊见隋朝即将灭亡，便以长子李建成、次子李世民为左、右领军都督，攻克长安。次年五月，李渊登基是为唐高祖，封李建成为皇太子，李世民为秦王，李元吉为齐王。李世民不服，于武德九年（626年）发动中国历史上著名的"玄武门之变"。不久之后，李世民登上了皇帝宝座，是为唐太宗。

贞观二十三年（650年）唐太宗崩逝，唐高宗李治即位。永徽六年（656年）李治颁诏，废王皇后和萧淑妃为庶人，立武则天为皇后。李治借"废王立武"重振皇权，也沉重打击了信奉周公文化的关陇集团。显庆五年（660年）十月，李治风疾发作，头晕目眩，不能视事，让武则天处理朝政。最初屈身忍辱、奉顺上意的武则天，一旦得志便专作威福，上有所为，动为后所制，李治不胜其忿，但又无可奈何。自此以后，天下大权悉归中宫，黜陟、生杀，决于武则天之口。

永淳二年（683年）十二月李治崩。四天以后李显即位，是为唐中宗，尊武则天为皇太后。次年，李显违背太后之意，欲命韦皇后之父为侍中，被废黜为庐陵王。武则天转而以第四子豫王李旦为帝，是为唐睿宗。武则天仍临朝称制。

然而，武则天想当的是皇帝。她认为，武姓出自姬姓，而周王室的人也姓姬，可见武氏乃周王室之后裔，应追溯周文王为始祖，改国号为周，而且要把都城迁到洛阳，因为洛阳曾经是周朝的国都，也是周公姬旦曾经选定的都城。武则天就这样"名正言顺"地于载初元年（689年）九月九日，在洛阳登基当上了皇帝，并且大赦天下，改唐朝为周朝。

圣历元年（698年），武氏、李氏家族皆谋夺太子之位。在来自各方的压力之下，经过多方权衡，武则天最终决定立李显为皇太子。神龙元年（705年）正月，武则天病笃。宰相张柬之等率禁军五百余人冲入宫中，杀死武则天的耳目和内侍，包围她所寝之"集仙殿"，要求其退位。武则天被迫禅位于李显，史称"神龙政变"。

以上便是唐初几位皇帝的兴废史。为了争夺皇权，父子、母子、夫妻、兄弟相互威逼砍杀。在这样的环境中，即使如李世民这样的一代英主，心中怎么可能没有想法，怎么可能让忠心不二、辅佐兄长的儿子处理国政的周公继续在礼殿里享有"先圣"的地位？那不是自己和自己过不去吗？高宗李治"废王立武"本来是为了重振皇权，但重病之后则大权旁落于"周氏后裔"，他怎么能不迁怒于周公呢？唐玄宗登基于公元712年，距武则天驾崩只有七年。他对非天子主政七年的周公耿耿于怀，其实是对自认为周王室后裔篡位为帝的武则天的切齿痛恨。为了尽快消除武则天的影响，把周公赶出礼殿，便是唐玄宗必然要采取的行动。

从另一个方面看，周公和孔子虽然都是圣人，但他们代表着两种不同的治国理念，前者重在创业，后者重在守成。尤其是孔子"仁"的思想，更有利于已经取得国家政权的统治者巩固其统治地位。因为他主张任何人都应该有求"仁"的愿望，而"仁"的重要精神内涵就是"爱人"。读书人应该以"仁"齐家、治国、平天下，将家与国、伦理与政治结合起来，把关注的焦点投向社会，投向现实，以博大宽厚的胸怀来爱护民众和为国效力。这是汉武帝时期就发现的一个"秘密"。即通过儒家学说，他能够更好地上统天、下御民；学子们更愿意为朝廷效力，民众也从内心臣服于明君统治。所谓统治者与被统治者达到双赢，其实是统治者统治地位的稳定和巩固。

周公礼殿被改建为"文宣王殿"，殿里没有周公之后，对文翁石室有没有影响呢？

"以孔子为先圣"，文翁石室的教授和生员们应该是能够接受的。文翁石室"兴学弘儒"的大方向并没有变，而且孔子早就是石室师生极其尊崇的圣人。但是，"以孔子为先圣"对于周公礼殿的祭祀体系却是一次较大的变动。变动的倾向似乎是在缩小祭祀范围，这对于蜀学来说，是多了共性，少了个性。这可能是蜀学大师们不愿意看见的。幸运的是成都礼殿里的壁画保留下来了。

两宋礼殿　蜀学至宝

宋仁宗时期，益州州学（成都府学）已是全国最有名的两所学校之一。宋神宗熙宁初年（1068年），著名学者吕陶在《经史阁记》中云："蜀学之盛冠天下而垂无穷者，其具有三：一曰文翁之石室，二曰高公之礼殿，三曰石室之九经。"

所谓"高公之礼殿"，即是东汉高朕重建的周公礼殿。唐时该殿改名"文宣王殿"，自然不再称周公礼殿。宋时成都府学学官、执教成都府学之李石有《府学十咏·礼殿》一首，其序曰："汉人祀周公为先师，故钟会记云'周公礼殿'。范蜀公镇云：屋制甚古，非近世所为，秦汉以来有也。内翰王素云：其屋制绝异今制，后之葺者，惜其古，不敢改作。"所以，宋之成都孔庙，即汉之"周公礼殿"。自东汉重修至宋神宗时，该殿已历近九百年，早已闻名天下，为众人景仰。这是"高公之礼殿"成为蜀学至宝的原因之一。

原因之二，周公礼殿虽然改名，虽然修饰一新，但是殿堂还是那个殿堂，其精气神还在，壁画还在，即使周公像被请出了礼殿，这儿仍然是蜀学的精神家园，仍然是一代代蜀学大师们寄托信仰、崇拜古圣先贤最为神圣的地方。

为了保护这个蜀学圣地，宋人运用了各种各样的方法。

其一，府学教授范仲及上书恳请宋高宗赵构赐"大成之殿"四字匾额。

宋高宗绍兴六年（1136年）十一月，成都府府学教授范仲及上书言："臣所在成都府府学大成殿,建于东汉初平间,天下栋宇之古无过此者,而未有题榜,愿陛下万几之间亲御墨翰,揭之殿额,以示人文化成流道德之富,覃及远方之意。"皇上可其请,欣然御书"大成之殿"四字匾额,赐予成都府学大成殿。绍兴七年(1137年)九月,范仲叟自京城将匾额运到成都时,成都知府席益"率佐出迎于郊,拜受于先圣祠下。圆冠方领之士,济济翔翔,闾巷阡陌,鲞老黄幼,耸观欢呼"(席益《御书大成殿额记》),场面十分壮观。此事朝野瞩目,进一步提高了大成殿(原周公礼殿)的声誉,为之后"高公之礼典"的保护和传承创造了条件。

其二,多次维修礼殿,"严靓宏固"而已,努力保持旧有面貌。

宋哲宗时(1086—1100年),胡侯宣抚川陕,治成都,到殿(原周公礼殿)视察后,命人为礼殿置换了那些朽坏严重的栋梁,又增瓦数千,不敢改变礼殿旧有的面貌。绍兴二十八年(1158年),龙图阁待制王刚中来镇全蜀,次年四月至成都,下车谒孔子庙,见学宫圮毁不治,荐祭无位,立即度材计工,易腐败而新之,补其阙凡四百盈,皆敞豁靓深,精坚严贲。淳熙二年(1175年)六月,敷文阁待制范成大出镇全蜀,始至,便去成都府学,谒拜先圣,看见屋宇陊剥,木老石腐,乃慨然兴废,自礼殿石室及讲堂房舍,全面修葺一新,一年而成,严靓宏固,为西南冠。绍兴间王刚中与淳熙间范成大等重修学校,皆沿袭讲堂、礼殿同修,教学、祭祀并存的原则,注意继承和体现文翁石室传统的"庙学合一"的办学格局。

其三,摹写或易地重绘可识别的图像,以求永久保存。

宋代,礼殿改为大成殿。大成殿祀孔子;四配:颜渊、曾参、子思、孟子;十哲:闵子骞、冉伯牛、仲弓、宰我、子贡、冉有、子路、子游、子夏及朱熹。东西两庑祀孔子弟子及汉、唐、宋诸代儒家大师。祀奉的人,几乎都是儒家学说的代表人物,只有汉代的道家及帝王等人物是例外。而且,有宋一代,再没有发现有人在礼殿里增绘人物的记载了。随着时间的推移,随着祭孔仪礼的规范,原周公礼殿内的部分壁画,有消逝的可能。

然而,原周公礼殿内的壁画图像,都具有很高的艺术价值和文献价值,都是蜀儒心中景仰的圣人和大师。怎么才能尽可能完整地把壁画保存下来呢?隋、唐之间，便有摹写石室人物并拓印者，于是宋代的儒学家和画家沿用此法，对礼殿内可识别的图像一再进行临摹，然后编辑成册以利交流和收藏。一时《文翁石室图》竟成为收藏家的心爱之物。

李石在《礼殿圣贤图》序言中载，北宋嘉祐间（1056—1063年）王素为成都知府，临摹府学原周公礼殿人物壁画为七卷，画像共一百五十二人（亦说一百五十五人），名曰《成都礼殿圣贤图》。与王素同时摹绘者，尚有成都知府赵抃。赵抃另辑有《成都古今集记》三十卷，又摹绘"周公礼殿图像"八轴。

南宋高宗绍兴六年（1136年），成都知府席益对"石经堂"进行修葺时，摹写礼殿圣贤图像可识别者共一百六十八人，重绘于石经堂内，自为《府学石经堂图籍记》。绍兴十七年（1147年），向子諲（芗林）于临江府刻礼殿图于石，楼钥得之，因与先人所藏图有异，借赵抃摹本《礼殿图》对勘，发现赵本"丹青焕然，自盘古而下位次，向背不同者十八九"，特别是"第七轴画文翁……，第八轴画汉武帝……，丹青愈工，皆石刻所无"。绍兴三十年（1160年），王刚中帅蜀，作《续成都古今集记》二十二卷，其中亦有礼殿人物图记，成为元人考知礼殿风貌的主要依据。

至元代，史学家费著在《成都周公礼殿圣贤图考》中称："今貌像宛然者一百四十九人，仅存仿佛者三十二人，姓名存者六十五人。"与宋绍兴年间相比，周公礼殿壁上之圣贤图可识别者人数，竟少了近二十人。可见宋人保护周公礼殿壁画很有必要，也很有成效。

其四，另建讲堂、祠堂，以坚守蜀学的个性特点。

英宗治平二年（1065年）三月，成都知府端明殿学士韩绛在文翁石室"大作讲堂"。除与诸生讲习理文外，还在大讲堂建成之日正衣冠，率僚佐及学官生徒等三百人，演习揖让周旋之仪，陶冶师生性情。府县士民及四方之客来观听的上万人，盛况空前。

嘉祐三年（1058年），益州牧宋祁于成都学宫之西建文翁祠，上壁画文翁像，又图蜀先贤庄君平、王褒、扬雄、司马相如、张宽、李仲元、何武、高眹、蒋堂等九人像于东西壁以配祀。

熙宁初年（1068年），吴中度守成都时于府学新建"经史阁"，适逢范仲淹仲子范纯仁漕蜀（任成都府路转运使），于是请以范仲淹像图于经史阁之西庑，并组织"诸生岁时谒款于前"。元祐三年（1088年），李公尹蜀，于府学礼殿之东建"范文正公祠"，屹然与文翁石室相对峙。

以上三件事，也有让人费解之处。文翁石室里有孔庙大成殿（即原周公礼殿），是专门用来祭孔和习礼的殿堂，为什么还要另外建一个比周公礼殿还要大的大讲堂来"演习揖让周旋之仪"呢？

为什么要在文翁石室里建范文正公祠呢？范仲淹是宋仁宗的重臣，杰出的政治家、文学家。他苦读及第，执教兴学，秉公直言，戍边西北，实行新政，文武全才且高风亮节。病逝后谥号"文正"，世称范文正公。他倡导的"先天下之忧而忧，后天下之乐而乐"思想以及仁人志士的节操，对后世影响深远。如果要纪念范仲淹，为什么不能把他的画像直接放进（或画进）大成殿里呢？

其实孔庙的祭祀体系和仪轨，是有别于周公礼殿的祭祀体系的。周公礼殿祭祀体系范围博大，既是政统、道统、学统人物的荟萃，也是地方文化代表人物的遴选，意图包含了中华民族全部的优秀文化成果，蜀学则视此为自己的底蕴和特色。蜀地宋儒们的所作所为，可能是在为坚持蜀学的特色、创造蜀学的新高度而努力。孔庙的祭祀体系也在发展和变化之中，到了清代，范仲淹便有了从祀于孔庙与历代帝王庙的资格。

成都府文庙庄严宏固

文翁石室周公礼殿的重要活动之一是祭祀古圣先贤。唐代周公礼殿改为文宣王殿之后,祭孔便是该殿的主要任务。不仅成都府学师生四时祭祀,凡到成都主政的官员,下车伊始也要到文翁石室祭祀孔子,若见文庙毁坏便立即修葺或重建,几成定例。

宋"淳熙二年(1175年)六月,敷文阁待制范公自桂林移镇全蜀,始至,谒先圣,率诸生谒拜于庭下"(杨甲《修学记》)。宋末,战火肆虐,成都府文庙大成殿(原周公礼殿)被毁,元代重建,其图像唯余孔子及其弟子。

至明万历年间(1573—1619年),曹楼为西川督学,到达成都的第二天,拜谒先师,周视学舍,见其圮坏湫尘,倾欹支柱,"非所以妥圣贤而崇文教",故"欲新之"。适郡守耿侯(耿定力)初至,意见与曹楼相合,于是"请得外府金五百,粟千石,勤里旅三月而落成"(曹楼《重修成都府儒学记》)。崇祯十七年(1644年),战乱中,一把火又将石室讲堂、礼殿画壁化为灰烬。往日书声琅琅之府学,满眼荆棘,遍地蒿莱,成为狐兔之所藏,豺狼之所穴。

清顺治十八年(1661年),四川巡抚佟凤彩到成都的第三天便去文翁石室拜谒先师孔子庙,见文庙及学宫已成废墟,乃于石室故址重建府学,"计建大成殿一,启圣宫一,大成、灵星门各一,明伦堂、敬一亭各一,暨两庑左右学舍及大门石室启坊表"等(佟凤彩《修成都府学记》)。这是清代数次修葺成都府文庙，规模较大的两次中的第一次。

光绪三十四年（1908年），四川总督锡良重建成都府文庙，这便是清代成都府文庙历史上的第二次大规模修葺。"黄瓦朱髹，整洁严肃，省庙之冠矣。"（《华阳县志·祠庙表》）凡清代成都人都知道，锡良重建之成都府文庙是四川省最大、最庄严亮丽的文庙。

成都府文庙在成都府学与锦江书院东侧，坐北朝南，以纵轴线为主，横轴线为辅，均衡对称，规模宏大而气势雄伟。其最南边的建筑是"万仞宫墙"，墙体高大厚实，黄色琉璃瓦顶，墙面呈土红色，巍然耸立于文庙前街北侧，把笔直的文庙前街挤成"几"字形。"万仞宫墙"出自孔子学生子贡，"夫子之墙数仞，不得其门而入，不见宗庙之美，百官之富"。这是用宫墙之高万仞来譬喻孔子的学问和思想。

宫墙北面之东西两侧，两座高大的门房遥相呼应。黄色琉璃瓦下，两扇大木门上，分别挂有木匾，左书"贤关"，取进途门径之义；右书"圣域"，意为圣人所居之境。门外各有"下马碑"一座，文武百官到此必须下马。

"万仞宫墙"往北，与之相对的是"棂星门"。灵星，即天田星。古代皇帝祭天，先祭灵星。孔庙里设棂星门表示祭礼孔子如同祭天。另外，神话传说中，灵星又是天上之文星。所以设棂星门，有"得人才"之义。因为此门如窗棂，故改"灵"为"棂"。"棂星门"与"万仞宫墙""贤关""圣域"之间，是一个封闭的空间，长方形，比一个篮球场略大。

举步走上七个台阶，便北入棂星门。前方约三十米处有"泮池"一方。泮，春秋时期鲁国之水名，作宫之上，故称泮宫。泮宫，即学宫。泮宫东南方有池，形如半璧，故称泮池。明清两代，州县考试，新生须入宫拜谒孔子，因此入学又称为"入泮"。

与棂星门有三道门相对应，泮池之上的石拱桥也有三座。庄重美丽的石制桥栏倒映入碧水，让人心旷神怡。泮池两边以松柏为林，树高数丈，傍晚百鸦归巢，"呱呱"的叫声不绝于耳。

文庙的南北中轴线从泮池之上中间那一座石桥的中央穿过，北行入戟门。戟门，唐制，官、阶、勋俱三品得立戟门，意即圣人之门。戟门又称大成门，"大成"是孟子对孔子的评价，他说"孔子之谓集大成"，赞颂孔子达到了集古圣先贤之大成的至高境界。

从戟门入，眼前为一个开阔的坝子，翠柏成林，郁郁葱葱。戟门内侧之左右，矗立着数座石碑，高约一丈有五，用汉文和满文竖刻着治蜀官员们的"文治武功"。柏树林之两侧，有西庑与东庑，各有房屋三间，祀孔子弟子及汉、唐、宋、明、清诸儒学大师。

戟门的正北面有大道直通成都府文庙的核心建筑大成殿。唐代称大成殿为文宣王殿，后因宋徽宗赵佶尊崇孔子"集先圣先贤之大成"而更名为大成殿。大成殿前正中，置铸铁鼎一尊，高可齐肩。鼎后有宽阔的石梯三座，每座皆为七级。拜台分为两层，中央的那一座石梯可以登上第二层拜台。每一层拜台的东、南、西三边有石栏，形状与故宫太和殿外的石栏相似，但不是汉白玉的。拜台青石铺地，有一个排球场大。

大成殿是祭祀的主殿，大多采用抬梁斗拱，基势崇大，栋宇雄奥，炭炭煌煌，光明俊朗。大成殿南侧矗立着六根巨大的圆木柱，把大成殿正面分为五楹，左右共四楹，各有六扇可转动的雕花木门。中央一楹只有五扇门，但中间三扇雕花木门略大。门上有四字匾额一方。大屋顶，巨大的屋坡上黄色琉璃瓦熠熠闪光，耀人眼目。屋脊由五色琉璃砖砌成，其上似有两条飞龙昂头翘尾对着中央的宝鼎。构成宝鼎的六个黄色琉璃瓶，下大上小，直指苍穹。从总体上看，大成殿似有汉代周公礼殿之气韵，"规摹嶙峋东鲁似，气象缥缈西岷敌"。

太成殿后面是后山，山不算高，约与大成殿的屋檐齐平，攀登而上，可眺望墙外文庙后街之市井风情。

既为文庙，必然在其中举行祭祀典礼。宋人韩绛有诗云，"银袍冉冉朝先圣，玉树森森识众英"，写的便是成都文庙祭孔的情景。清代四川按察使顾光旭在《讲堂》诗里有"授受升讲堂，俎豆崇礼殿"两句，也告诉人们，清代这里有过祭祀孔子的活动。祭孔活动往往由行政长官带头顶礼膜拜，耗费巨大。1914年（民国三年）政治会议决议祀孔，于是成都府文庙大成殿前续演祭孔典礼，佾舞生由文翁石室学生担任。1928年（民国十七年）通令各省地方废止祀孔旧礼。但直到20世纪40年代，仍有人在成都府文庙里杀牛祭孔，只是仪式较简单，没有再叫文翁石室的学生充当佾舞生。

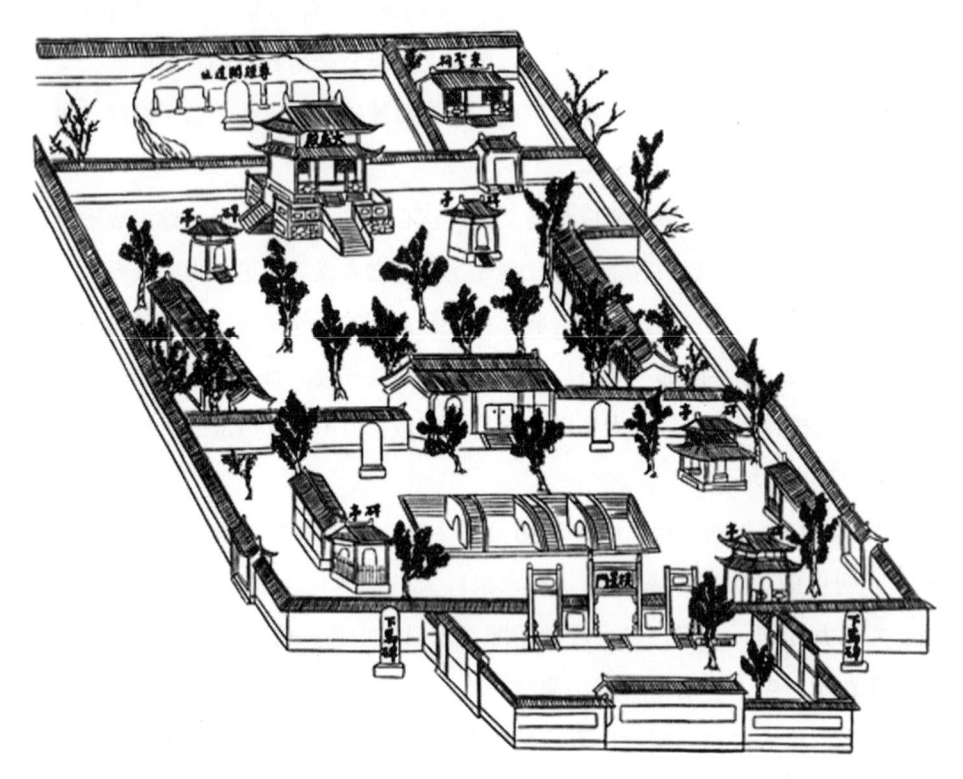

清代成都府文庙图（据清嘉庆《华阳县志》）

1914年，法国人谢阁兰镜头下的成都府文庙大成殿

第九章

文翁石室 扬辉千秋——文翁教育遗产之三

两千多年来，人们为文翁石室留下了多少赞美的语句。"文翁石室有仪刑"，"向此行春无限乐，却惭何道继文翁"，"继石室之流风于无穷"，"石室云霞思古梦"，"求真理求技艺愿增进文翁石室之光荣"，等等，不胜枚举。这些美好的语句中映见了对文翁精神的传承和守护。这种传承和守护如一道亮光，照耀后人沿着前人的方向继续前行，再创辉煌。

文翁石室与孟蜀石经

汉景帝末（前143—前141年），蜀郡太守文翁于成都城南筑石室、礼殿，集蜀士而教。景帝嘉之，武帝倡之，文翁石室声誉日隆，蜀中弟子以明经治性为业。于是巴蜀好文雅，蜀儒文章冠天下，蜀学比于齐鲁，蜀地大化。

汉末，蜀郡文学精舍遇火，重建后被辟为益州州学。至唐代，文翁石室已是名胜之地，名人雅士凡来成都者，相继到此瞻仰。令人欣喜的是，"文翁之教"薪火相传，办学不断，唐代的文翁石室依旧能够听到琅琅的读书声，依旧是蜀中学子殷殷向往之地。不过，一直作为郡学、州学的文翁石室，师生所用的经书大都是抄本，或用简牍，或用缣帛，辗转传抄，出现错漏之处在所难免。

有鉴于此，东汉灵帝便在熹平四年（175年）下令，将经过校正的儒学经文刻在石片之上，陈列于太学。这便是我国有文字记载的最早的儒学石经。它除了是儒家经典的法定版本，供各地抄录和校勘外，也是汉室推行尊儒重教方针并用以昭示天下士人的重要措施。因此，石经的版权当然为皇室所有，而且只有京师太学才有资格陈放。汉唐时代，成都作为一郡一州，自然不会有石经。蜀地学者想要拥有经书，只能到京师太学去抄，或者转抄他人的抄本。抄来抄去，百本不同样，难辨正误。

唐之后，五代十国之一的后蜀建立政权之后，定都成都，以文翁石室为学宫，似乎有了刻经的资格。在后蜀皇帝孟昶看来，刻经可以宣示政权的合法性。

加之蜀地相对安定，自然条件优越，物产丰富，有一定的社会经济条件。于是，孟昶在即位的第二年（935年），便任命毋昭裔为中书侍郎，同平章事（相当于丞相之职），弘扬文教，镌刻石经。毋昭裔自幼好学，知识渊博，辟嗜藏书，对经术有很高的造诣，对经书抄本错误的危害深有感受，自然对刻经也很上心。为了刻经成功，毋昭裔甚至捐出了自己的俸禄。

孟蜀时期，汉灵帝刻于熹平四年的"熹平石经"，齐王曹芳刻于正始年间的"正始石经"，都已毁于战乱，无从查找。只有唐文宗开成二年刻的"开成石经"，尚存于雍都（长安国学）。与前两种相比，"开成石经"更为完善，文字也更准确。于是，毋昭裔从长安取回"开成石经"的旧本九经，请著名学者对经文再次进行精心订正，然后以此为根据，于孟蜀广政七年（944年），开始了"孟蜀九经"的镌刻。宋人赵抃的《成都古今集记》对此事做了记载：

伪蜀孟昶有国，其相毋昭裔刻《孝经》《论语》《尔雅》《周易》《尚书》《周礼》《毛诗》《仪礼》《礼记》《左传》凡十经于石。其书丹，则张德钊、杨钧、张绍文、孙逢吉、（孙）朋吉、周德贞也。石凡千数，尽依太和旧本，历八年乃成。

《孝经》是毋昭裔镌刻的第一部儒家经典，刻成于广政七年（944年）三月二日，共刻经文、序言和注释四千九百八十五字，由张德钊书写、陈德谦镌刻。一个月之后，四月九日，《论语》刻成，共刻经文、序、注释三万五千七百三十九字，书写人与镌刻人同上。又过了两个月，《尔雅》刻成，由张德钊书写、武令升镌刻。广政十四年（951年）夏，《周易》刻成，共刻经文及注释六万六千八百四十四字，孙逢吉书写。到广政十五年（952年），《毛诗》《尚书》《仪礼》《礼记》《周礼》《春秋左氏传》的镌刻也相继基本竣工。但《左传》只刻到了第十七卷，没有刻完。其原因可能与孟昶谋取关中失败、后蜀元气大伤有关。

从广政七年开工至广政十五年，共刻了十部儒家经典，正经及注、序共计一百一十七万三千余字。经石采用灌县（今都江堰市）出产的青石，为长方形；

厚约七八厘米，上面刻字的部分高约三十二厘米，宽约二十厘米（经文上下左右皆有空余部分）；双面镌刻，每块经石都在侧面刻有序列编号，各经篇目、章次一目了然；共计一千余块，全部陈列在成都学宫即文翁石室的礼殿两庑之中。但是，后来人们把它们通称为"孟蜀九经"，大概没有把《尔雅》计算在经书之内，而是把《尔雅》看作是一种训诂方面的工具书的缘故吧，甚至连字数也未具体标出来。

"孟蜀石经"与之前的"熹平石经""正始石经""开成石经"相比较，有三个突出的优点。

其一，"孟蜀石经"文字精确。在孟蜀石经镌刻时，"熹平石经"和"正始石经"已经片石无存；刻于唐文宗太和年间的"开成石经"（故又称"太和本"），尚存于雍都（长安国学）。后蜀丞相毋昭裔取回雍都旧本九经之后，又收集儒家经典的古本、善本，请著名学者对经文再次详加订正，纠正了许多谬误，然后才开始镌刻。明代著名学者杨慎在比较了这四种石经钞本之后，于《丹铅录》中说："孟蜀石刻九经最为精确。"

其二，刻有注释。中国古代共刻过七种石经，孟蜀石经之前、之后的石经都没有注释，只有孟蜀石经经文、注释并刻。注释为随文注，用小字双行刊刻，每三字占大字二格，分别注于各篇、章、句后，十分醒目，不仅为章、句提供了标准的讲法，而且在客观上起到了分部断句的作用。同时，多数儒经的注释字数比正经的字数多，这就为阅读、理解经文提供了很大的方便。例如，《孝经》序文四百三十九字，正经一千七百九十八字，注释二千七百四十八字；《论语》序文三百七十二字，正经一万五千九百一十三字，注释一万九千四百五十四字。而且，孟蜀石经的注解恰当，往往加在难点上。例如，《诗经·鲁颂·駉》全诗四段，一共写了十六种马，而且写每一种马都只用一个字。如果不加注，读者很难分清这十六种马的不同之处。孟蜀石经恰到好处地给这十六个字加了注，让人有了茅塞顿开的感觉。

其三，镌刻精美。孟蜀石经采用灌县的青石，由蜀地著名书法家用正楷书写，正经用大字径六七厘米，注释用小字双行刊刻。由技术高超的能工巧匠精心镌刻，因而精谨而清婉，堪称艺术精品。宋代著名学者洪迈认为"有贞观遗风"。清代著名书法家何绍基称赞说:"书法深严近率更,卷终字数见专精。如何不著谁人笔,输与张扬后世名。"诗中的"率更"指的是唐代书法家欧阳询,因为欧阳询别称"率更"。这首诗说:孟蜀石经的书法法度深严,近似于唐楷第一人欧阳询的书风,非常专业,非常精美,如果能够留下书法家的姓名,传名后世就更好了。

孟蜀石经刻成之后,成都读书环境大为优越,其莘莘学子朝夕讲诵于石经之间,诵读之风虔诚而浓郁,文翁石室成为蜀中学子乃至更广范围之内的学子倾慕和向往的地方。清代著名史学家全祖望在《鲒埼亭集》中说:"宋人所称引,皆以蜀石经为证,并无及唐陕本(即太和本)石经。其故有二:一则唐石经无注,蜀石经有注,故从其详者;二则南渡后唐石经阻于陕,不至江左,故当时学宫颁行之本皆蜀经。"可见蜀石经对江左学子影响甚大。

清乾隆七年(1742年),在浙江杭州武陵门外的广仁义学内,发现藏有孟蜀石经《毛诗》中《周南》《召南》《邶风》三章拓本两卷,经注共一万六千余字,被余杭学者视为珍宝,一时接踵观摩,竞相赋诗题跋。清嘉庆年间,安徽庐江有一位藏书家将珍藏的孟蜀石经《周礼》《左传》等四种残本一百八十页刊印行世,并附印有乾隆以来诸人题跋多达三百六十余条。孟蜀石经流传之广,可见一斑。

可惜的是,宋元之际的战火,将孟蜀石经的千余块经石毁坏殆尽。即使是幸而留下的少量经石,在此后兵燹频仍的年代,最终也难逃厄运。据《蜀中名胜记》载,明代只见到有《礼记》经石数段在合州宾馆中。清代后期,发现有经石十余块存放在"藩库"内,于光绪二十年(1894年)被四川总督刘秉璋运至庐江,从此下落不明。1938年,为防日本飞机轰炸,在成都石室中学附近拓宽城墙决口时,发现经石残片约十件。石片上经、注文字清晰可辨,考证为五代孟蜀所刻。后几经流传,有六片今珍藏于四川博物院,内容为《毛诗》《尚书》《周易》等儒经中的片段。有一片藏于重庆博物馆,内容为《仪礼》中的一段。另外,有文章称,国家博物馆藏有蜀石经残石一片,高、宽皆不到一尺,内容为《仪礼·特牲馈食礼》中的一部分。

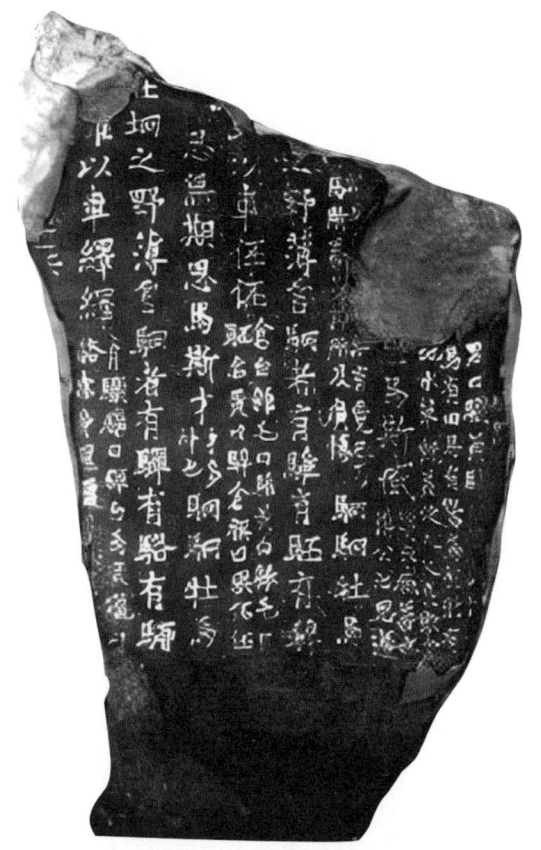

蜀石经残片（藏于四川博物院）
（2018年12月30日，"蜀石经残片"登上央视《国家宝藏》第二季）

除此之外，蜀石经早期拓片有少量存世。国家图书馆的国家典籍博物馆曾展出残存的蜀石经拓本九册，共计一百八十三页，有经文和注释五万字左右。另，据称上海图书馆也藏有宋拓蜀石经残卷，内容为《毛诗》。

郡国之学　最盛成都

宋代初期，文翁石室仍为益州州学，数十年之后改称成都府学。

随着经济逐渐繁荣，宋时成都学校教育空前发展。早在宋仁宗时期，益州州学（成都府学）便与滕子京所办的湖州州学一起，成为全国最有名的两所学校。

究其原因，其一应该是，益州州学（成都府学）校园内有文翁石室之"温故""时习"两堂，其东有高朕重修的周公礼殿，殿下之东庑和西庑内珍藏着孟蜀石经。这三件蜀学之宝，每一件都是"全国第一"，每一件都是"蜀学之盛冠天下而垂无穷"的物证和蜀学形象的辉煌呈现，而且它们早已名扬天下，为众人所景仰。可以说，全国没有一所地方官办学校有这样深厚的文化积淀。

不仅如此，宋仁宗皇祐元年（1049年），蜀帅田况续刻蜀石经，将《左传》补刻完毕之后，增刻《公羊》《谷梁》二传，经、注共计一十六万三千余字。宋徽宗宣和五年（1123年），蜀守席旦又增刻《孟子》十四卷。这是中国历史上第一次把《孟子》刻进石经里去。至此，"石室十三经"刻齐，齐聚于成都府学（文翁石室）之中，总计历时一百七十九年，共用经石一千数百块，字数在一百三十三万字以上（未包括《尔雅》《孟子》的字数）。这是中国历史上第一次将儒家十三经完整地辑刻在一起，从此便确定了中国儒学经典体系的基本格局。这对于中国儒家经学来说，无疑是一件具有里程碑意义的大事。

为了贮藏和保护前无古人的"石室十三经"，蜀守胡宗愈于礼殿东南隅兴建

"石经堂"。南宋高宗绍兴六年（1136年），成都知府席益对"石经堂"进行修葺，并摹写礼殿圣贤图像可识别者共一百六十八人，图于堂内，自为《府学石经堂图籍记》。

同时，宋代成都的主政者，不遗余力地保护石室和礼殿。王素为成都知府时，曾临摹府学原周公礼殿人物壁画为七卷；胡侯宣抚川陕、治成都之时，曾为礼殿置换朽坏严重的栋梁，又增瓦数千。孝宗淳熙二年（1175年）六月，范成大出镇全蜀，刚到成都，便去成都府学拜谒先圣孔子，一年之间便将礼殿、石室及讲堂房舍全面修葺一新。

由此可见，在宋代主政成都的官员们心中，蜀学三宝已经成为巴蜀人文教育独特发展、千年传承、延绵不绝的精神标志，不惜财力物力精心呵护，使之历久弥新，已是他们不容推卸的历史责任。

原因之二，益州州学（成都府学）得到了两宋朝廷的大力支持。

庆历五年（1045年），文彦博镇蜀之后，奏请敕准龙昌期为益州州学讲说。八月，宋仁宗诏准并嘉勉之。文彦博得仁宗敕文之后，便为之建"圣训堂"，将仁宗敕文刻石立于其中。

崇宁初年（1102年），宋徽宗诏令天下立学，世称"崇宁新学"。于是成都府学起新学于礼殿之西，广三百楹，壮丽廓大。

绍兴七年（1137年），南宋高宗赵构欣然御书"大成之殿"四字匾额，赐予成都府学大成殿，即文翁石室原周公礼殿，万众瞩目，进一步提高了成都府学的声誉。

原因之三，由于成都战略地位特殊，两宋朝廷委派到成都的主政者，多为朝廷要员或饱学之士。他们深知，天下学宫始自成都文翁石室，朝廷关注，学子心仪，因而必须继承和弘扬"文翁之教"，进一步办好成都府学（文翁石室），以达到平治蜀地的目的。

宋代主政成都的官员们，为办好成都府学（文翁石室），主要做了哪些事情呢？

其一，两宋主政成都者上任之后，往往要去成都府学拜谒先圣先师，见学舍破败，或教育教学设施不敷使用，便慨然兴建，使成都府学校舍保持壮阔宏固的面貌，为四邻学校所不及，为八方学子所羡慕。

北宋期间，成都府学兴建了七八个教育教学设施。其中，除文彦博建"圣训堂"、胡宗愈建"石经堂"外，还有以下一些建设：皇祐二年（1050年），田况为蜀守，建"荣名堂"于成都学宫宣圣殿东北，尽题绍兴以来益州登进士第者姓名，刻于石柱，并为之记。嘉祐三年（1058年），益州牧宋祁于成都学宫之西原西学旧址建文翁祠，绘文翁像，并配祀汉唐以来司马相如、严君平、扬雄等蜀中九位先贤。治平元年（1064年），成都知府韩绛于修缮学馆时新建大讲堂，四方之讲堂未有比这更壮观的。熙宁初年（1068年），吴中度守成都时新建经史阁，"基势崇大，栋宇雄奥，下视众屋，匪隘即陋，聚书万卷宝藏其间，斯亦近类三事，传三百年而不可废者乎"（吕陶《经史阁记》）。元祐三年（1088年），李公尹蜀，于府学礼殿之东建"范文正公祠"，屹然与文翁石室相对峙。

南宋时期，新建或修缮学舍的次数比较多。其中，绍兴二十八年（1158年），王刚中来镇全蜀，次年四月至成都，下车谒孔子庙，见学宫圮毁不治，立即度材计工，折旧易新，补其阙凡四百盈，皆敞豁靓深。淳熙二年（1175年）六月，范成大出镇全蜀，始至，便去成都府学，谒拜先圣，看见屋宇陊剥，乃对礼殿、石室及讲堂房舍，全面修葺一新，严靓宏固，为西南冠。淳熙中期（约1181—1183年），四川制置使陈岘在崇宁新学废址新建学舍二十八楹，分为四斋，疏为四十八窗，高爽静深，总费用为钱一万九千缗有奇，始于冬季，落成于次年春天。

其二，两宋主政成都者，多为饱学之士、办学之行家里手。他们为府学选择德才兼备者为教师，有的还与府学教师一起研究儒经，甚至直接参与到各种教育教学活动中去。

庆历四年（1044年），蒋堂知成都，在所属官员中选择堪为师表的人担任州学教师，并召集州学高才会试，亲自评定等级，表彰优秀生员。治平二年（1065年），成都知府韩绛除与诸生讲习理文之外，还在大讲堂建成之日，正衣冠，率僚佐及学官生徒等三百人，演习揖让周旋之仪，陶冶师生性情，府县士民及四方之客来观听的上万人。熙宁初年，吴中度守成都，适逢范仲淹仲子范纯仁漕蜀，于是请以范仲淹像图于经史阁之西庑，并组织"诸生岁时谒款于前"。淳熙二年

（1175年），范成大出镇全蜀，多次来成都府学与师生见面，与资深儒学老教授一起研读经书，考证难点，分析经义，还反复研究教学方法，又与左右序生和四方之观游者在一起，鼓励他们奋发努力，希望他们取得佳绩，同时不要忘记公德。

不断的修建，不断的更新，对延续"文翁之教"和"石室流风"产生了积极的影响。建设学校，"亲自饬厉"，礼聘良师，培植英才，这本来就是在继承与践行文翁办学的基本经验。至于修建文翁祠、经史堂与范文正公祠，则是宋人的创新了。宋祁修建文翁祠，在祠内墙壁上图绘了十位蜀中先贤的画像，其意在理清延续千年的巴蜀学脉，以利于今后的传承和发展。吴中度修建经史堂，珍藏从全国收集而来的万卷文献典籍；李公建设范文正公祠，祀"先天下之忧而忧，后天下之乐而乐"的范仲淹，则是要求蜀地学人胸怀天下，放眼古今，"凡可以成法者皆欲举之"（家安国《范文正公祠堂记》），为文化教育事业做出自己的独特贡献。

这样一来，宋时成都府学规模逐渐扩大，生员众多。北宋熙宁中，蒋堂主政时成都府学"弟子员至五百"；南宋绍兴中，李石执教成都府学时，因其品格高尚，经术、文章佳妙，莘莘学子慕名前来者不可胜数，一时成都府学生员多至三千人（李石《左右生图记》）。光宗绍熙年间（1190—1194年），成都府学的学舍达到前所未有的近六百间，"举天下郡国所无有"，成为全国最大的地方官办学校。不仅蜀士毕至，东自荆夔，西极梁洋，甚至闽越之士也不远万里而来，他们之中还有许多"名秀俊义"。

宋代文翁石室的教育质量不断提高，为蜀地及宋朝培养了大量人才。仁宗皇祐二年（1050年），田况继文彦博为蜀守后，建荣名堂于成都学宫宣圣殿东北，并著《进士题名记》云："益州自太平兴国以来，登进士第者接踵而出。天圣景祐中其数益倍，至庆历六年一榜得十八人，皇祐元年得二十四人，他州来学而登第者，复在数外。其盛也如此。"宋代名臣兼大学者彭乘、吕陶，文学家兼史学家范镇，理学家阳枋等，都是从成都府学走出来的优秀学子。所以，南宋末年史学家李心传说："郡国之学，最盛于成都。"

附表："石室十三经"刊刻情况表

经名	字数		书写人	镌刻人	成刻时间
孝经	序	439	张德钊	陈德谦	孟蜀广政七年（944年）三月二日
	正经	1798			
	注	2748			
论语	序	372	张德钊	陈德谦	同上年四月九日
	正经	15913			
	注	19454			
尔雅			张德钊	武令升	同上年六月
周易	正经	24052	孙逢吉		广政十四年（951年）五月二十日
	注	42792			
毛诗	正经	41021	张绍文	张延族	
	注	105719			
尚书	正经	26286	周德贞	陈德超	
	注	48982			
仪礼	正经	52802	张绍文		
	注	79891			
礼记	正经	98545	张绍文		
	注	106049			
周礼	正经	50580	孙朋吉		
	注	112595			
左传	序	1617			广政十五年（952年）刻至十七卷止，宋皇祐元年（1049年）补刻齐
	经传	197265			
	注	146962			
公羊	经传	4738			宋皇祐元年（1049年）后
	注	77037			
谷梁	经传	41890			宋皇祐元年（1049年）后
	注	39730			
孟子					宋宣和五年（1123年）九月

屡毁屡建　弦歌不绝

宋末，宋理宗端平三年（1236年）、淳祐元年（1241年）和宝祐五年（1257年），元军三次攻入川西，三次占领成都。宋军与之展开巷战，元军烧杀抢掠，城内一片大火，百姓死伤无数，成都府学遂毁。

在此二十余年的争战中，成都府学"石室十三经"的一千余块经石，相传大部被碎为炮石，后又被筑于城墙之中。然而，1938年，为躲避日本飞机轰炸，方便市民疏散，在成都南校场外邻近石室中学的地方，挖开一个城墙（清城）缺口的时候，仅发现蜀石经残片十余块。此后，20世纪五六十年代，几乎拆平了成都全部城墙，却没有再发现一块石经残片。

令人欣慰的是，元明时期，文翁石室与周公礼殿（文宣王殿）仍存于成都府学之中。不过，元时，周公礼殿尚可，殿堂古朴，壁画犹见；文翁石室则岁久而敝，危而可能已有坍塌。元代诗人张光祖曾有《题学宫爱兹石一端》诗一首，其首句便是："爱兹石一端，质直复洁皖。"这里，"学宫"自然指文翁石室，"爱兹石"便是石室残存的一块石头了。

元朝廷也曾有诏郡国崇学，给田养士。元成宗元贞元年（1295年），成都府学教授鲜璠修庙学门。次年，蜀于学宫废址构治学舍。但是，成都以武定，所授多菜地，且僻远未垦，无所仰哺。于是倚席不讲，士子怠散，不能坚持学业。元仁宗延祐至英宗至治年间（1314—1323年），少中大夫赵世延使蜀，置赡学田，待到学田有了收入，每年就用这些钱来办学。同时，选秀民二十岁上下者入学；又定章程，树令于学，以明经治行为业。成都学官于元初毁弃之后，终于略见恢复。（罗寿《成都赡学田记》）

据《元史·王守诚传》，元顺帝至正五年（1345年），河南行省参知政事王守诚使蜀，儒学提举谢晋贤请复文翁石室为书院。王守诚上奏元帝，获准。另外，驻守成都的蒙古族人都元帅纽璘，曾出私财建文翁石室、扬雄墨池、少陵草堂三大书院，并在东南各地收购图书三十万卷，藏于书院之中。为此，元代诗人张雨以《赠纽璘》为题咏曰："论卷聚书三十万，锦江江上数连艘。远追教授文翁学，重叹征求使者劳。石室谈经修俎豆，草堂迎诏树旗旄。也知后世扬雄在，献赋为郎愧尔曹。"契丹"诗书名将"述律杰曾捐出在成都的私宅，以及在新都的田产等，全力资助石室书院的修建，并"割俸购书"，使石室书院"经史百氏无外求者""风采耸动天下"。书院生徒则从全省各地选拔而来，并按岳麓、白鹿洞等著名书院的模式管理。然而，至正二十年（1360年）后书院复废。

元末，农民起义此伏彼起。四川人口锐减，民生凋敝。成都府学文翁石室、周公礼殿尚在，但年久失修，几近倾圮。

朱元璋统一全国后，立即下令从中央到地方普遍建学校。明太祖洪武年间（1368—1398年），重修成都府学，并立修学碑于府学。

明孝宗弘治五年（1492年），布政使郑龄、提学王敕倡议重修成都府学，巡抚梁璟、巡按陈瑶分柄其事，终由都御史钟蕃完成于弘治十三年（1500年）。"盖自畿辅近郡之学，鲜有若是比者，而遐方僻地弗论也。"（李东阳《重建成都府学记》）

明神宗万历年间，西川督学曹楼倾慕文翁懿德，在到任的第二天，曹楼便到成都府学拜谒先师。时成都府学年久失修，曹楼有了重修成都府学的想法。郡守耿定力与曹楼的意见一致，于万历六年（1578年），请得外府金五百，粟千石，动工重修成都府学，三个月后便竣工了。"殿庑更新，门堂崇丽，黝垩丹碧，綦错荧煌，石砌皆完，垣墉峻整，不独师儒宁其居，而圣贤栖灵之所亦足以肃拜瞻而虔禋祀矣。"曹楼"心乐其成而异其速"，了解后才知道，修建费大半出自耿定力的俸钱。（曹楼《重修成都府儒学记》）

《华阳县志》旧志有云:"至圣像石刻治南城内成都府学,石长一尺,阔一尺。左镌至圣像并刻'吴道子笔'四字。右镌元耀州州学教授尚佐云记","次镌明陕西学使孙应鳌跋","最后镌明四川督学使泰和郭子章跋",并说"以上三跋,年月俱残阙莫辨,存以俟考"。其中郭子章于万历十四年(1586年)任四川督学,他的跋文云:"世传汉文翁图先圣像于石室,予入成都求之,不获见。今所刻者乃宋人笔,丹阳姜凤阿先生补刻也。已予得耀州大观元年所刻唐吴道子画像与孙淮海先生跋,然后知此刻须髯盛者非真像也。因刻石学宫,补文翁之阙。"

又,明代著名学者、诗人、藏书家曹学佺,于万历三十七年至四十一年(1609—1613年)历任四川右参政与按察使。曹学佺称,石室、礼殿诸刻"今皆不存,所存者孔门七十二子像,又近时摹宋本而刻者。人物衣褶,差有古意"。

明思宗崇祯十三年(1640年),己卯冬,成都知府韩国植"叨守兹土,恭谒先师"。礼成之后,韩国植徐步斋所,见石室渐圮,并于草莽中发现石刻一二片。趋视之,原来是先师先贤诸像相枕藉于瓦砾之中。于是重立孔子像于府学,但未能重修学宫。(韩国植《重立至圣像记》)

从上述数例可以知道,有明二百七十余年,汉文翁石室与礼殿日渐残破,但尚存于成都府学校园之中。

崇祯十七年(1644年),张献忠破成都。时任成都府学教授何成大,登明伦堂鸣鼓召集诸生,不料无一至者,于是何教授与其夫人刘氏自缢于明伦堂前。后瘗于明伦堂之右偏,其墓碑于20世纪60年代初尚面向石室巷镶嵌在石室中学(时名成都四中)的围墙上。

张献忠在成都建立大西政权后,于1645年,除镇压不服从者之外,还指挥军队在成都进行大屠杀。1646年,张献忠离开成都前,将城内王宫、寺观、民居,俱纵火焚烧,并堕成都及州县城墙。在战乱中,文翁石室、周公礼殿完全被毁。据《蜀难纪略》载,张献忠入成都,火连月不绝,"乙酉九月,文庙自火"。清张明彩在《重修文庙碑记》中称:"自逆张毒屠,城社烬煨。圣域贤关,几不可问。噫嘻!茂林荒草,阒无人烟,值从未有之劫。""遂求谒文庙。焦砾芜土,踪迹莫辨,爰剪荆棘、辟草莱,仅通一线,始得孔圣故址一片丘墟,无片瓦只橼；数仞宫墙果何在耶？令人见睹不胜流涕。"又《华阳县志》称：

> 崇祯十七年，张献忠入成都，此自汉传世历千余年石室遂为灰烬。然以实考之，礼殿画壁，石室九经，或亦有毁于宋元之际者，不尽由献忠也。独献乱之后，则旧基故址扫地无余，兹为可痛尔。

从宋末经元至明末，四百三十余年间，文翁石室屡次遭受兵燹战火的破坏，蜀石经、周公礼殿、文翁石室先后被毁，荡然无存，令人痛心不已。然而，文翁办学遗迹虽失，文翁办学之地还在，文翁办学精神得到了传承。不论是在什么朝代，不论是什么原因，不论学宫毁损有多么严重，只要战火暂停，成都稍安，有识之士便会呼吁奔走，筹款捐俸，鸠工庀材，在文翁石室原址重建学校，或府学，或书院，继石室之流风，办学不断，弦诵不绝，使之成为中华文明传承中一支不曾熄灭的薪火。

锦江风雨读书灯

清顺治十八年（1661年），四川巡抚佟凤彩驻节成都，循故例，在上任的第三日，集博士与弟子，谒先师孔子庙，随之与下属商议重修成都府学。历时两年，康熙三年（1664年）竣工。张明彩在《重修文庙碑记》中称："建正殿五楹，戟门五间，东西庑各五间，启圣宫三间，以暨棂星门，俱仍旧址。"

此后，康熙八年（1669年），四川巡抚张德地对府学进行了一次增修。十三年后，康熙二十一年（1682年），巡抚杭爱等再次对成都府学进行了大规模的重建。这是为什么呢？学舍朽蚀有那么快吗？督修王骘著有《重修成都府学碑记》，曰：

> 成都府学，志载为石室故址，乱后盗毁，康熙三年前抚佟公重建，再乱复圮。

"乱后盗毁"，指的是张献忠之乱。"再乱复圮"，却语焉不详。不过，这应该是指历时八年的"三藩之乱"。

"三藩之乱"起于康熙十二年（1673年）十一月，平西王吴三桂首先在云南叛乱，接着靖南王耿精忠在广西、福建发动叛乱，平南王尚可喜之子尚之信在广州叛乱。四川巡抚罗森及总兵吴之茂拥兵响应，率部北攻秦州和兰州。短短数月，云南、贵州、湖南、广西、福建、四川六省丢失，叛乱扩大到广东、江西、陕西、甘肃等地。康熙皇帝迅速部署兵力平叛。康熙十三年（1674年），清军瓦尔喀与赫业统军十万分两路，由兰州南下攻四川，兵锋直指成都。结果便是"再乱复圮"。

既然"学校是王政之本"，"复圮"之后岂能不重修？"三藩"平定之后的第二年，修缮成都府学的工程便开始了。"凡殿庑、祠堂、斋室、门墙，其已建者修葺之，其未备者补造之，其错置者改作之"。"阅几二年，工始告竣"。"是役也，始之者前抚勤襄杭公讳爱，继之者前抚韩公讳世琦，倡捐成终者布政使刘公讳显第，捐银如例者提学道冯公讳云骧，捐银并督催工料者成都知府佟世雍"。（王骘《重修成都府学碑记》）

为摒弃科举制度带来的弊端，康熙四十三年（1704年），四川巡抚贝和诺（富察氏）与按察史刘德芳（字受公），在成都府学明伦堂后即文翁石室故址，建锦江书院。而且在石室故址右偏隙地，建锦江书院斋舍，"创置为门几楹，为堂筵斋讲，为藏书之轩，为宾师之位，为东西号舍，为庖湢游息之所"。规制崇宏，它无与此。其办学宗旨是："将见蜀之士皆蹈德咏仁，追前贤懿轨，上答天子升平文治之功，以无孤我公之教，且以继石室之流风于无穷。"（刘德芳《锦江书院碑记》）

清代以前的书院大多为私人所办，清代的书院则基本上官学化了。雍正十一年（1733年），清廷令京师设金台书院，各省城设书院一至两所，各"赐帑币金一千两"为营建之资。由于锦江书院历史沉淀深厚，又是清代四川省内较早兴建的书院之一，锦江书院被确定为省立书院。从此，锦江书院摆脱经费与优质生源不足的问题，规模不断扩大，设施不断完善，成为全国著名的书院之一。

锦江书院的办学经费除来自国库外，部分来自学田。学田源于地方官绅捐赠，以及没收的私占之官地与民间互争产权而长期不能决定归属的土地和寺庙土地。据记载，道光十二年（1832年），新繁魏云鲲以银四千一百两买田百余亩，捐给锦江书院。咸丰六年（1856年），锦江书院以前总督黄宗汉所捐银四千二百两，于郫县徐村购置田产两百余亩。

锦江书院的办学方针是重视根柢与实学，倡导德育，所以锦江书院的课程设置与教学内容，与其他专攻时文、主习考课的书院有所不同，"先经义而后时文，先行谊而后进取"（吴省钦《重建锦江书院讲堂记》），注重经史、治术课程，注重读书。书院要求院生在研习"十三经""二十二史"、《资治通鉴纲目》的基础上，再研读《古文辞》《御纂经解》《性理大全》《历代名臣奏议》《文章正宗》、五言八韵诗等。同时，以"自立学约，定课程，先器识，次文艺，井井有条"为育人方略（易简《宋大宗师德教碑记》）。然而，每月月考仍以八股文为主，科考仍在办院中占有重要地位。

锦江书院院长由督抚学臣延聘，同时聘请主持书院讲学的通儒、学者先后共有数十人之多。张普生、杨锡麟、易简、高辰、彭端淑、顾汝珍、姜锡嘏、杨彦青、王炳瀛、蔡毓林、李惺、牛树梅、伍肇龄等二十五人先后掌院，办学品质名列全国前茅。二十五位山长中，有十九位是进士，大多数是先从政后办学，绝大多数工书法、善诗文、擅文章。一般都有著述，有的还著作等身。他们蹈德咏仁，追前贤懿轨，"上承文翁兴育蜀才遗绪，下启清代蜀学复兴之端绪，奋励自强，积极培育蜀中人才，备记蜀事，保存乡邦文献，自觉延续千年蜀学精神传统，成为推动蜀中人文学术从式微向复兴不断转变的主导力量"（刘平中《锦江书院与"石室流风"》）。

锦江书院秉持首重品行，"先行谊而后进取"的选才原则，院生从全省秀才以上生员中挑选。考课章程规定，入选院生须是各州县岁、科两试中的优秀人才。锦江书院采用王安石创立的太学的"三舍法"对院生进行管理，实行正课、附课、外课升舍考试制度。学生年龄相差很大，有十岁上下的少年，也有六七十岁的老人。初时定正课五十人，附课五十人，外课二十人左右（为候补性质）。正课生月给米一斗五升、银一两五钱，附课生减半。康熙六十年（1721年），扩大招生名额，拔通省士之优者延师教之。

雍正十一年（1733年），锦江书院被确定为省立书院之后，学生生活费一律由官府拨给的学田供给。乾隆三十九年（1774年），四川总督文绶，增置学田地产，补贴学生学习费用。道光十二年（1832年），获新繁魏云鲲百余亩之捐赠，嘉庆十七年（1812年）所增二十名学额经费之缺，始告足备。道光二十八年（1848年），学生名额增为正、附课各六十名，外课三十名。咸丰七年（1857

年），锦江书院以捐银购田两余亩之收入增设附课二十八名。

据不完全统计，锦江书院近两百年间，共培育院生两千余人。他们中的大多数被各州县聘请为山长或主讲，成为发展清代四川人文教育的中坚力量。从锦江书院走出来的学子，有与彭端淑同列为"蜀中三才子"，时称"锦江六杰"之一的李调元。他是明清时期继杨慎、费密之后巴蜀地区的又一位大学者，其《函海》一书，涵盖历史学、考古学、地理学、文学、语言学、金石学、农学、姓氏学、民俗学等，被誉为"巴蜀百科全书"。除此之外，"戊戌六君子"之一的刘光第、清代四川唯一的状元骆成骧、近代著名教育家李榕、实业家兼历史学家张森楷、"文名籍甚"的举人张邦伸，以及晚清民国之际的风云人物尹昌衡、吴虞等，都是锦江书院培养出来的杰出人才。

另外，从康熙至咸丰，每一个时期，对锦江书院学舍都有修建，社会人士亦

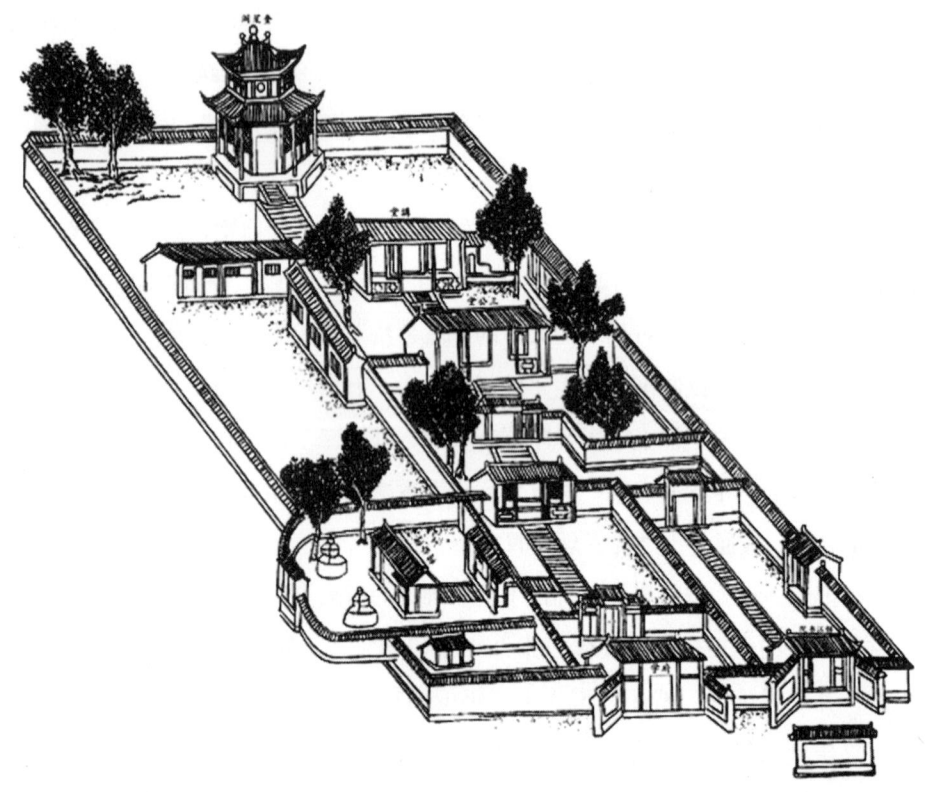

清代锦江书院及成都府学图（据清嘉庆《华阳县志》）

有赞助。其中，康熙六十年（1721年），提学使方觐增修讲堂学舍三十余间。乾隆三十二年（1767年），锦江书院院长顾汝修因讲堂后祀奎星之殿既隘且卑，于是仿汉制周公礼殿创为奎星阁。阁上升奎星文昌以应星象，阁下奉孔子位，为朔望行礼之地。乾隆三十九年（1774年），四川总督文绶、布政使钱鋆、署按察使顾光旭等，拨官钱二百四十缗，重修锦江书院讲堂；拨官钱一千缗，重修大成殿。嘉庆十年（1805年），四川总督勒保见书院年久失修，堂宇渐圮，且惜院址狭隘，于是谋诸僚佐，各捐俸缗，易旧更新重修书院。别筑室五楹以居院长。历时五月，计费金一千一百三十余两。嘉庆十九年（1814年），成都知府李光栋重建文翁学堂于石室之后，祀文翁、高眹，以司马相如诸贤配祀。咸丰五年（1855年），盐茶道蒋某捐置木器六百四十四件入锦江书院。一时文物称盛。

成都府中学堂革故鼎新

1840年鸦片战争，帝国主义列强用枪炮轰开了中国大门。中日甲午战争之后，列强竟公开主张瓜分中国。民族危机空前严重，有识之士为富国强兵，多主张变法自强，改革教育。19世纪90年代，我国民族资本主义得到初步发展，科举制度不能满足其人才需要，因而废科举、办新学的呼声日渐高涨。在这样的背景下，光绪二十七年（1901年），四川总督岑春煊宣布结束锦江书院，师生符合规定的，准许转入新办的四川省城高等学堂任教或肄业，其财产、图书、校具亦拨归高等学堂。至此，影响川省文化教育一百九十八年的锦江书院完成了它的历史使命。

光绪二十八年（1902年），清廷颁布《钦定学堂章程》（即"壬寅学制"）。同年，川督岑春煊上奏朝廷，请将原锦江书院院址、校舍改办为成都府师范学堂。然而，一时之间，经费筹集困难，只好于这年三月在成都府师范学堂内暂设蒙养师范学堂，岑春煊自任总理，以赵藩为堂长，招收学生三百零五人，四月开学，学习半年，十月毕业。

光绪二十九年（1903年），清廷颁布经张之洞等人修订的《奏定学堂章程》（即"癸卯学制"）。次年，即1904年，成都府师范学堂改为成都府中学堂。同年元月，成都府知府雷钟德没收温江徐姓田三百七十二亩充作办学经费。四月，任命彭县刘紫骥为成都府中学堂总理，并招收第一班学生七十名（为速成师范班，1905年十二月毕业），初步决定成都府属成都、华阳、简阳、崇庆、广汉、温江、郫县、崇宁、新都、灌县、金堂、彭县、新繁、新津、双流、什邡等十六县，每年解送学堂经费银一万两。七月初，设中学班（即第二班），招收学生六十名，学制五年，不分高、初中。自此，文翁石室办学由古典形态转变为近代形态，步入了新的历史阶段。

成都府师范学堂与成都府中学堂是"壬寅学制"与"癸卯学制"颁布后开办的第一批新式学校，在四川省起到了带头作用。光绪三十一年（1905年）九月七日，四川总督上书朝廷，陈述"川省学务情形"称，光绪三十年四川省开学授课的学校，师范学堂仅成都府师范学堂与泸州川南师范学堂两所，官办中学堂仅八所，成都府中学堂为其中之一。

成都府师范学堂暂设蒙养师范学堂堂长赵藩，云南剑川人，学识渊博，思想开明。在四川为官十七年，目睹清王朝政治腐败，民怨鼎沸，常思补救之策，任盐茶道时曾撰联曰：能攻心则反侧自消从古知兵非好战；不审势即宽严皆误后来治蜀要深思。此联强调"攻心"与"审势"，可见赵藩已认识到时代潮流不可逆。他向总督岑春煊建议，开办四川学务、警务、工业、武备等各类新式学堂，并出任成都府师范学堂暂设蒙养师范学堂之堂长。成都府师范学堂存在时间虽短，但成绩斐然，为四川新学起步做出了贡献。它不仅培养了近四百名毕业生，而且毕业生中不乏学识俱佳者。光绪三十一年（1905年），在总督锡良选送的四川省二十一名官费出国留学生中，成都府师范学堂有数名毕业生入选。

成都府中学堂从1904年至1913年易名成都联合县立中学止，为时十年。十年间，共有四位监督。他们有一个共同的特点，既是饱学之士，又是治校行家。第一任监督（初称总理）刘紫骧（昌庭），本为内阁侍读，却治校从容，调度得当，在不到三年的任期内，克服经费不足、学生年龄不均、教员程度不一等困难，草订章程，使每年春、秋两季招收新生成为制度，在校学生增至四百人左右，学校初具规模。第二任监督林思进（山腴），原是癸卯科举人，又赴日留学，毕业于日本宏文师范学校，回国后应枢廷考，授内阁中书，已是有影响的诗人和学者。他执掌成都府中校事之后，精选良师，提倡砥节砺行，培养严谨学风，并周旋于官府之间，力争每年学务公所补助学堂经费两千两，又请拨贡院城砖由南警区区长拆运来校。光绪三十四年（1908年）至宣统元年（1909年）两年间，兴建理化教室一座，砖造教室八间。同时，林思进身体力行，节约费用，添购图书仪器，充实各项设备。因之，不出数年，学校声誉日隆，各地学生蜂至，均以能考上成都府中学堂为荣。

成都府中学堂既由锦江书院改办而来，传统的教学内容对其影响必然较大。宣统元年，为适应学生的资质和兴趣，学堂曾实行文、实分科。但文、实两科均开设"讲经读经"课程。文科每周授课三十六节钟，而"讲经读经"课的周学时有十节钟之多。一、二、三学年讲授《春秋左氏传》，每日进度为两百字；第四学年讲授《周礼》（节训本），第五学年讲授《易经》。除此之外，还开设"修身"课，摘讲五种遗规，选读所谓有益风化之古诗歌。第三任监督刘咸荥（豫波）曾撰联曰：石室云霞思古梦；锦江风雨读书灯。力图用石室悠久的历史传统勉励学生勤奋学习。

可贵的是，成都府中学堂的掌校者们坚持传统而不拘泥于传统，积极引进新的教育思想，积极开设新的课程。不论文科或实科，均开设外国语、算学、博物、理化、法制、理财、史地等课程。外国语实科每周为十节钟，文科为六节钟。算学实科为每周六节钟，文科三节钟，内容包括算术、代数、几何、三角、解析几何、微积分初步等。博物开设两年，实科每周六节，文科一节，内容有植物、动物、矿物、生理卫生等。由此可见，新兴学科已在开设课程中占据重要地位。不仅如此，成都府中学堂为提高外国语、算学、理化、博物等科的教学质量，不惜重金聘请日本、英国、美国等外国学者来校任教。学校还积极增添理化教学仪器，为学生掌握科学知识创造条件。监督林思进主持兴建的理化教室，宽大高朗，为阶梯式，在当时的成都是非常新颖的。

监督刘咸荥曾书赠毕业生一语曰："以旧道德贯新心思，立身以道而应事因时，是曰君子攸往咸宜。"这种改良主义的办学方针，与张之洞"中学为体，西学为用"的主张大同小异。但是这一办学方针承认了新，又提倡因时应事，因而这一时期的成都府中学堂比较主动地将新的思想、新的学科、新的人物引进石室校园，推上石室讲台，顺应时代潮流，开创了石室办学的新局面。十年间，成都府中学堂共计毕业学生十班四百余人。尤其第八班和第九班人才济济。这两个班同于1912年十二月毕业，毕业生中有郭开贞（沫若）、李家祥（劼人）、王光祈、周焯（太玄）、魏嗣銮（时珍）等，真可谓光耀夺目。

宣统三年（1911年）秋，四川成都保路运动爆发，接着武昌起义成功，清王朝宣告灭亡。巨大的社会变动，对成都府中学堂冲击很大。1912年4月17日，成都高等学堂分设的中学堂停办，所有丙、丁两班学生并入府中学堂肄业。第二天，成都府中学堂易名为成都府中学校，监督改称校长。九月，又易名为成都府属中学校，而学堂办学经费更是严重不足。从1911年冬到1912年春，成都府属十六县解送的学堂经费几乎断绝，办学所需用费全由借垫解决。1912年3月，第四任监督刘冕（东塘）函十六县视学到学堂召开评议会，经过讨论决定，当年各县解送原定额的三分之二到校维持校务。可是后来如议解款来校者很少，在校学生人数却增加较多。1913年3月，刘冕再次召开评议会，议定本年各县仍解旧额的三分之二。然而，一月之后（4月）召开的川西十六县联合评议会却决定，减去学校经费三分之二。校长刘冕据理力争，未获成果，愤然辞职。

1913年5月，因废除府制，学校改由原成都府所属十六县联合举办，更名为成都联合县立中学。成都府中学堂仅十年便至此结束。

自此之后的七十年间，文翁石室在历史剧变中历尽坎坷，多次改变校名，由成都联合县立中学更名为成属共立中学、成属联立中学、四川省立成都石室中学、川西石室中学、四川省成都市第四中学。1984年4月，为纪念文翁，经成都市人民政府批准，文翁石室恢复校名为四川省成都市石室中学。从此，石室校园新楼矗立，红墙掩映，汉阙飞檐，庭院四合，古树参天，古韵盎然。一次又一次的新课程、新教材、新课标、新高考改革在石室中学实施；一代又一代的石室人，以立德树人、文化传承、培养英才、国际交流为己任，将文翁石室深厚的教育积淀与时代教育思想相结合。在新世纪里，不仅把当代石室办成了一所富有巴蜀特色的名校，而且正在为足以担当民族复兴大任的领军人才的成长奠定坚实的基础而努力工作。

回望历史，一座具有2300余年建城史的成都，拥有一所2160余岁的学校，这在全世界也是极其罕见的。文翁石室既是世界上在原地原址连续办学时间最长的学校，也是文翁办学尚存于世的唯一的活体基因，更是中华文明传承中的一支从古至今不曾熄灭的薪火。两千余年的文明传承，因时应事，历久弥新，无时无刻不在无声地润泽着石室师生的品性、灵魂与智慧，这是石室人的幸福，也是石室人义不容辞的责任。

成都石室中学（文庙校区）教学综合楼（摄于2021年）

第十章

立祠祭祀　泽被后世

纪念文翁从二千多年前便开始了。立祠永祀,彪炳史册,后世四川成都人无不纪念文翁,重视人文风教。从此,文翁不再只是一位循吏,石室也不再只是一所学校。文翁已升华为当之无愧的治蜀榜样,石室已升华为中国学校教育引人瞩目的历史标志。

彪炳史册　立祠永祀

文翁为蜀守，治水、兴学、以儒化蜀的事迹，在汉代便广为传颂，影响巨大，故而后来中国古代的历史文献中，无论"经""史""子""集"，文翁都不曾缺席。尤其是在"史部"与"集部"里，有关文翁的文字不胜枚举。

就中国古代史书而言，从古至清共有正史二十四部。其中之《汉书》《后汉书》《三国志》《晋书》《宋书》《魏书》《周书》《北齐书》《北史》《南史》《隋书》《旧唐书》《新唐书》《宋史》《元史》《明史》《资治通鉴》等均述及文翁。《后汉书》卷五六称，文翁"仁贤之政，流闻后世"。《晋书》卷九〇称，蜀郡文翁"教移齐鲁"。《隋书》卷七三称，"文翁之为蜀郡""养之以仁，使之以义，教之以礼"。《新唐书》卷一一二称，"文翁以经术教而蜀士多儒"。《资治通鉴》卷一三一称，"汉文翁守蜀，起立学官，学者比齐鲁，武帝令天下郡国皆立学校官，则学官之立尚矣"。

除"史书"之外，中国还有一种独特的"存史"方式，那就是地方官修之"志书"。志者，记也，即全面记叙某一地方、某一段时间里的事情，但记而不述。堪称地方志"鼻祖"的《华阳国志》，便是一部专门记述古代西南地区历史、地理、人物等的地方志著作，由东晋常璩撰写于348年至354年之间，距离文翁生活的年代不到五百年。在这部志书里，有数段文字记叙了文翁化蜀及文翁治水的事迹。

其后，在各种不同版本的《华阳县志》《成都县志》上均叙及文翁。特别是在清雍正《四川通志》里，从卷首到卷四七，每一卷都记叙或提及有关文翁的事迹。外省的志书，如江西、福建、浙江、湖南、河南、山东、山西、广西、广东、甘肃等省的通志，都载有与文翁有关的文字。文翁教化意义之重大，影响之深广，可见一斑。《四川通志》卷首曰，"汉代文治，兴之者文翁"。《江南通志》卷八九曰，"昔文翁治蜀以教化，而蜀中诸士比于齐鲁之乡"。《江西通志》卷一三三曰，"昔蜀本朴陋，文翁以刀钱布帛遗子弟，受学京师，故蜀为名邦"。《浙江通志》卷二五曰，昔文翁兴蜀郡，"大设学校，充立政绩"。《湖广通志》卷一○六曰，文翁"凛然功名，皆自学始"。

在上述这些历史书和志书中，记述文翁最权威的要数《汉书》。《汉书》是二十四史中第一部"包举一代"的断代史书，是一部受到学人广泛推崇的重要历史著作。作者为东汉时期的班固，距文翁生活的年代不到两百年。在《汉书》里，多处称述文翁，而且文翁被班固列为《循吏传》中的第一位，共用二百九十字为之立传，其全文如下：

> 文翁，庐江舒人也。少好学，通《春秋》，以郡县吏察举。景帝末，为蜀郡守，仁爱好教化。见蜀地辟陋有蛮夷风，文翁欲诱进之，乃选郡县小吏开敏有材者张叔等十余人亲自饬厉，遣诣京师，受业博士，或学律令。减省少府用度，买刀布蜀物，赍计吏以遗博士。数岁，蜀生皆成就还归，文翁以为右职，用次察举，官有至郡守、刺史者。

> 又修起学官于成都市中，招下县子弟以为学官弟子，为除更徭，高者以补郡县吏，次为孝弟力田。常选学官僮子，使在便坐受事。每出行县，益从学官诸生明经饬行者与俱，使传教令，出入闺阁。县邑吏民见而荣之，数年，争欲为学官弟子，富人至出钱以求之。由是大化，蜀地学于京师者比齐鲁焉。至武帝时，乃令天下郡国皆立学校官，自文翁为之始云。

> 文翁终于蜀，吏民为立祠堂，岁时祭祀不绝。至今巴蜀好文雅，文翁之化也。

除了史书、志书，中国还有一种准"存史"方式，那就是将其人其事，咏而为诗歌，撰而为楹联，是其所是，非其所非。著名诗人的名诗名句，如同永不消逝的口碑，能够穿越时空，长留于历史长河之中。据不完全统计，从唐至清，共有二百余位诗人写了近三百首咏及文翁的诗词，对文翁以及文翁创办的石室文学精舍称赞有加。

正如上文《汉书·循吏传》所云："文翁终于蜀，吏民为立祠堂，岁时祭祀不绝。"

元始四年（4年），汉平帝诏曰："祀百辟卿士有益于民者。"蜀郡推举立祀的"有益于民者"便是文翁。可见，在文翁去世一百多年之后，蜀郡吏民对文翁的爱戴之情仍然深厚。

宋时宋祁在《成都府学新建汉文翁祠堂碑》中说："蜀中庙食千五百年不绝者，秦李公冰、汉文公党两祠而已。"可见文翁离世不久便有文翁祠堂之设立，对文翁的祭祀活动便开始了。

最初立祠祭祀文翁的情形是怎样的呢？宋祁的说法是，文翁去世之后，蜀郡吏民以及石室文学精舍的师生们，在"殿右庑作石室，舍公像于中。晚汉学焚，有守曰高眹，能兴完之。后人又作眹像进偶公室，岁时长吏率掾属诸生奉笾豆饔醪荐于前，虔跪谨洁，一再奠而退辞，无敢不信焉"。即是说，蜀郡吏民塑文翁石像一尊，置于周公礼殿右侧的一间石室内，权作祠堂，岁时祭祀。高眹重修周公礼殿之后，后人又塑一尊高眹石像，并把高眹像置于文翁像所在的石室之中，文翁像与高眹像并列，岁时长吏带着师生致礼跪拜，十分虔诚。

这样的祭祀活动持续时间可能并不很长。根据元代费著的《成都周公礼殿圣贤图考》记载，大概是在晋代，文翁与高眹的肖像便均被画在了礼殿的内壁之上，即被列入了周公礼殿的祭祀体系之中。于是祭祀周公、孔子等古圣先贤与祭祀文翁的仪式便都在周公礼殿里一并举行了。

北宋嘉祐二年（1057年），宋祁以端明殿大学士身份出知益州。他是安陆（今属湖北）人，字子京。宋仁宗天圣二年（1024年）试礼部第一名，考取进士，曾任翰林学士、工部尚书等职，与欧阳修合修《新唐书》。

作为儒学道脉的继承者和益州之主政者，宋祁下车伊始便去文翁祠堂拜祭。到了一看才知道，这文翁祠不仅地势狭小，而且到处都是灰尘和污垢，非常担心祭礼懈怠，神灵不来享用，文翁精神不能传承。于是第二年宋祁便在学宫之西新建汉文翁祠堂，共建殿堂三楹，以及左右厢房与东西两庑若干间。窗牖宽大而敞亮，房舍壮阔而庄严，阶平级夷，瓦密栋强，屋脊如像棘龙在飞翔。并且，在祠堂内壁采有青丹，上壁图绘文翁像，东西两壁绘画司马相如、张宽、严君平、李仲元、王褒、扬雄、何武、高眹、蒋堂等蜀中先贤像以为配祀，并亲自为每一位先贤撰写了一篇赞文。（宋祁《成都府学新建汉文翁祠堂碑》）

宋祁重建的文翁祠之所以引人注目，不仅是新建的祠堂"瓦密栋强，若棘若飞"，可称历代最佳，更在于宋祁主张的祭祀规模最大并且意蕴深厚。千余年来，为文翁立祠、画像、写赞的人不少，但是在文翁祠堂中除绘文翁像外，另绘九人之像以为配祀者，宋祁应该是第一人。他之所以画十幅人像于文翁祠堂中，其意在梳理蜀地由汉及宋的学脉与文脉，将蜀学的千年学脉、传承脉络展示在人们的面前，表明蜀学源远流长，声塞天地，后继有人，从而突出文翁在巴蜀学术史和文化教育发展史中的重要地位。

正如其《府学文翁祠画像十赞·文翁赞》所言：

天挺者俊，有德有文。汉天子命公，往抚蜀人。蜀始朴蒙，心谓不然。选士诣学，归相教言。一年而业，二年而儒。五年大成，家诗户书。以勤相矜，以惰相耻。出有教父，入有顺子。文如马扬，节如严李。由公教之，声塞天地。蜀戴公仁，世世奉祀。千五百年，惟公之思。

南宋吴曾著的《能改斋漫录》亦曾记载此事，所记宋祁兴建之文翁祠配祀的九人与《成都府学新建汉文翁祠堂碑》所记有所不同，无李仲元，却有郑子真。今依"汉文翁祠堂碑"。因为在宋祁《府学文翁祠画像十赞》之中，有《李仲元赞》，而无《郑子真赞》。

也许真如宋祁所说，"冰以功，公以德；功易见，德难知，故祠虽偕而忧狭异焉",也许后来文翁被列入了孔庙配祀的乡贤之中,总之,元、明及清初,未发现有单独祭祀文翁的记载。直至清中期,嘉庆十九年(1814年),才有成都知府李尧栋重修文翁学堂,仿古制建石室讲堂,祭祀文翁和高朕,并以司马相如诸贤配祀的记载。(《四川通志》卷四十九)

除此之外,文翁离世后,为之立祠祭祀的还有繁县吏民。文翁开湔江口灌溉繁田,改善了灌区民众的生活。繁县吏民在湔江堰堰首建文翁祠堂追念他的恩德。清光绪十四年(1889年),彭州关口镇文翁祠重建,并在其殿堂之石柱上,镌刻颂褒文翁的楹联。

"湔江堰"一直造福至今。从20世纪50年代开始,通过修建人民渠(原名官渠堰)对湔江再次进行治理,共修干渠七条,长三百余公里,总灌溉面积140万亩,湔江下游实现了"九河归一"。为追思文翁治水功绩,21世纪初,关口文翁祠再次重建。旧祠仅存的石柱上镌刻字迹仍清晰可览,其一联文曰"东流不尽汉时水,西望常陪秦守祠",把文翁与李冰并列在一起,认为他们的功业等同。

文翁石室纪念文翁

自清光绪二十八年（1902年），四川总督岑春煊奏改锦江书院为成都府师范学堂开始，文翁石室便由古典形态向近代形态转变。在20世纪的前八十年里，文翁石室的校名变更了十次之多。但是，文翁石室仍然在原址原地办学不断，石室师生纪念文翁的活动也从来没有停息过。

1924年，成都联合县立中学校长张铮编纂《石室纪事》一册，于当年6月"二十周年校庆纪念会"时分赠来宾。《石室纪事》无序无跋，采用大事纪体例，记述自汉文翁石室以来之学校沿革。书后有附录，记录曾任、现任教职员及学生姓名。与此同时，北京石室同学总会主编之《石室学报》"纪念母校二十周年特辑"出版，其《卷头语》云："这次纪念的意思：一方面固在庆祝她这二十年来的努力，达到现在的地位；但是一方面我们也知道她的责任不止于此。因为她的前身，是文翁石室，是四川文化发源之基址，是两千年来四川文化的中枢，里面琢育出来的人才，有司马相如、王褒、扬子云等。我们希望将来的成都联中，如文翁石室一样，永远站在创造四川文化的地位。"

1940年5月，成属联立中学举行三十六周年校庆。石室同学会重庆分会的贺信节录如下："敬启者：樱熟枝头，迎清和之芳节；絮飞柳岸，逢母校之庆辰。桃李门墙，何啻三千；绛帐春风，忽经卅六。文翁兴学，教化已开先河；石室流风，余韵更扬百代。弦诵之盛，从古已然；传道之隆，于今为笃。欣多士之跄跄,感熏陶之郁郁。值兹庆日,更切慕思。敢洁心香,用申贺悃。"

在20世纪前五十年众多的纪念文翁的诗文、联语中,最著名、最受石室师生喜爱的,莫过于成都府中学堂监督(校长)刘咸荥(豫波)撰写的一副对联:石室云霞思古梦,锦江风雨读书灯。这一联里并没有"文翁"二字,却把石室师生对文翁的思慕和崇敬表现得淋漓尽致。可以说,那个时代的石室师生,不仅人人能够朗朗背诵,而且在背诵之时,人人都会被联语之中蕴含着的深邃意境触动,自豪感油然而生。

1957年6月15日,成都四中举行文翁石室2098周年校庆典礼、校史展览、表彰老教职工等活动,并邀请曾在学校执教多年的老教师和历任校长以及历届毕业学生返校。校庆前,中国科学院院长郭沫若特为母校撰写楹联,并将手书寄赠。联文曰:

爱祖国爱人民为建设社会主义而学习;求真理求技艺愿增进文翁石室之光荣。

1958年,郭沫若又为母校撰写了"求实务虚"四字匾额。学校立即将郭老题写的匾额和对联镌刻于木,挂在校门的上方与两侧,为古色古香的石室增添光彩。全校师生一走进学校就能感受到一股"石室气氛",催人奋发,立志为国家贡献自己的力量。

显而易见,郭沫若说出了新时代石室师生的心声。它没有思古的幽情,有的是追求的豪迈;它没有灯下苦读的寂寞,有的是大爱无疆的慷慨奉献。所谓"求实",就是要有实事求是的工作作风,要有一切从实际出发的工作方法;所谓"务虚",就是要虚怀若谷,用先进的思想指导行动,要有尊重客观规律的科学态度。一虚一实,相互补充,缺一不可。郭沫若在1957年和1958年为母校题赠的对联和匾额,有明显的针对性和现实意义,也为其后文翁石室纪念文翁指出了方向,那就是纪念要与时代相契合,纪念要与实际工作相结合。

1957年成都四中校庆时,语文教师陶亮生、曾令绥等撰写的三副贺联与郭沫若的对联可谓同出一辙,其联文分别曰:"多士欣归,感灯影邻铺,曾是昔年辛苦地；坦途迈进，愿怀文抱质，勉为前辈继承人。""汉魏六朝以来，两千年育麟储凤；革命成功而后，七八载继长增高。""非夸历史漫长，要继承优良传统；配合国家建设，幸毋忘劳动光荣。"

1983年4月19日，经四川省人民政府批准，成都四中更名"四川省成都市石室中学校"，并举行隆重更名大会。省市领导，在成都的历任校长、教师及校友数百人与会。会场主席台两侧悬楹联一副，为教师张璠白撰。联文曰："蜀学远肇文翁，追攀齐鲁，衣被西南，一代风流思汉守；春温又生石室，雕绘山河，振兴华夏，千秋大业赖群才。"大会收到各界人士贺电、贺信、贺诗甚多。其中成都大学副校长钟树梁（曾执教于成都四中）题赠七绝二首，其中一绝云："万里桥旁讲肆陈，蜀文蜀教久真醇。春风桃李嘤鸣里，又见文翁石室新。"

在此之后，文翁石室纪念文翁便更多地与实际工作联系起来了。1985年7月22日，成都石室中学所在之"文翁石室故址"被成都市人民政府列为文物保护单位。1986年10月，香港校友王文钧决定从当年起，每年捐赠母校人民币一万二千元作为奖学金。学校于同年即以其捐款设立"文翁奖学金"。1987年4月4日，举行首次"文翁奖学金"颁奖大会，一百五十二名学生获奖。

1985年3月，《石室校志》编辑组成立，编辑工作由时任书记李森主持，钟欣泰、朱泽荪等为编辑组主要成员，先后有教师二十人参加资料收集和编纂工作。他们不避寒暑，不辞艰辛，从四川省博物馆购回蜀石经残石照片，从省、市档案馆复制回来一卷一卷历史档案。他们去到北京、上海、南京、重庆、雅安以及文翁的家乡安徽省庐江县，阅读档案，拜访校友，点点滴滴地将有关文翁石室的资料带回学校。然后，坐下来研究资料，撰写志稿。

编撰校志的工作，得到石室校友大力支持，得到全校教职工的热情配合。1987年夏，《石室校志》初稿讨论会召开，学校领导和教职员共三十余人参加，集思广益，冀成精品。1989年10月，《石室校志》编纂完成，印刷成册。该志由原中共中央联络部副部长、国务院古籍整理出版规划小组组长、校友李一氓题写志名，由原四川省副省长、四川省教育厅厅长、四川省地方志编纂委员会副主任、时年93岁的张秀熟作序。全志800余页，一百多万字，资料完备，条理分明，厚重而有特色，是了解和研究文翁与文翁石室不可或缺的资料性著述。

1994年11月，石室中学三位教师合著《石室史话》，以纪念文翁石室创办2135周年、石室中学校庆90周年。该书初为校本教材，后出版发行。《石室史话》显示，"文翁石室"是一项大课题，是一篇大文章，要继承文翁石室特有的优秀历史文化遗产，需要更深入的研究。

1998年，时任校长王绍华在组织全校教师、职工阅读《石室校志》和《石室史话》的同时，多次召开教职工座谈会、研讨会，交流学习校史心得，讨论"什么是石室传统"。大家认为，在文翁石室两千多年积淀的教育智慧中，其精华可以用"爱国利民、因时应事、整齐严肃、德达材实"来概括。"爱国利民"是办学宗旨，"因时应事"是办学方针，"整齐严肃"是优良校风，"德达材实"是育人目标。于是，郑重其事地将其铸成银色大字，挂在了新建的教学综合楼南楼的墙面上。同时将中国书法家协会主席舒同题写的"汉文翁石室"五字制成匾额，挂在教学综合楼东大门的上方，从此这儿便成为了学校师生以及来访嘉宾合影留念的胜地。

2018年11月，石室中学教师朱泽荪（退休）、牟淑娥、邱祥廸带领学生十四人赴北京参与中央广播电视总台《国家宝藏·后蜀残石经》节目录制工作，做访谈嘉宾，介绍四川博物院所藏"后蜀残石经"的前世今生，然后朗诵《石室颂》曰："日之升矣，于彼东方。梧桐生矣，于彼凤凰。于彼石室，蜀学辉光。文翁而后，万象其昌。"2019年元旦前夕，节目在黄金时段播出，引起华人世界广泛热议。2019年1月，"《国家宝藏》公开课之走进石室中学"活动在石室中学举行，中央广播电视总台《国家宝藏》节目组携中国国家图书馆，将"蜀石经宋拓本"（复制件）送回了老家文翁石室（石室中学）。

2019年，为纪念文翁兴学2160周年，赵清芳老师主编的《文翁石室古代文献资料汇编》与《文翁石室诗词选》（第二版）由四川人民出版社出版发行。

同年11月，纪念文翁兴学2160周年活动隆重而热烈。贺电贺信纷至，媒体记者云集；省市领导出席，新老校友光临；一百余名师生朗诵了由著名辞赋家魏明伦先生专门为本次活动创作的《石室赋》，彰扬文翁兴学的历史功绩。校长田间致词称：石室中学将坚持传承"爱国利民、因事应事、整齐严肃、德达材实"的优良传统，坚持"传统·基础·创新"的办学思想，守正创新，不负时代，与时俱进，勇立潮头，为培养足以担当民族复兴大任的时代新人而努力奋斗。

新时代的石室中学，不仅从纪念文翁的活动中收获了文化自信和责任担当，而且纪念文翁的活动，还成为石室人增进传承与创新智慧的重要渠道。

文翁生平年表

约汉高后元年（公元前187年）

出生于雁门郡。同年随父南下，定居于舒城西南之鹊尾溪畔（今安徽省舒城县春秋乡文家冲）。名党，字仲翁，少年好学。

约汉文帝十四年（前166年）

游学长安，通《春秋》。

汉文帝后元至汉景帝三年（前163年—前154年）

察举为郡县吏，仁爱，好教化。

汉景帝四年至七年（前153年—前150年）

再次察举，任蜀郡守。穿湔江口，灌溉繁田一千七百顷。见蜀地辟陋，有蛮夷风，欲诱进之，乃教民读书法令。不料吏民未能笃信道德，反而好文刺讥，贵慕权势。

汉景帝中元时（前149年—前144年）

继续修建湔江堰之未竟工程。与此同时，选郡县小吏开敏有材者张叔等十八人，亲自饬厉，遣诣京师，从博士受七经，或学律令。数岁，蜀生成就还归，文翁以为右职，或为郡学教授，又用次察举，官有至郡守、刺史者。

汉景帝后元时（前143年—前141年）

在成都城南筑石室，创办蜀郡文学精舍。招下县子弟以为学官弟子，为除更徭，高者以补郡县吏，次为孝弟力田。常选学官弟子，使在便坐受事。每出行县，益从学官诸生明经饬行者与俱，使传教令，出入闺阁。县邑吏民见而荣之。数年，争欲为学官弟子，富人至出钱以求之。由是大化，蜀地学于京师者比齐鲁焉。

汉景帝末（不晚于前141年）

蜀学比于齐鲁，巴汉亦立文学。汉景帝嘉之，令天下郡国皆立文学，因翁倡其教，蜀为之始也。

汉武帝建元六年至元光二年（前135年—前133年）

先后征调和派遣蜀郡数万士卒、吏民，为略通南夷而转运粮食、物资与修筑道路。

汉武帝元光五年（前130年）

奉命接收和管理开通西夷后、划归蜀郡的新建之十余县。

汉武帝元朔五年（前124年）

汉武帝推广文翁办学经验，令天下郡国皆立文学。

约汉武帝元封元年（前110年）

终于蜀，蜀地吏民为立祠堂，岁时祭祀不绝。

与文翁及文翁石室相关之楹联集锦

上联：东流不尽汉时水

下联：西望长陪秦守祠

——题彭州文翁祠

彭州关口文翁祠在湔江堰渠首，至今石质廊柱犹存，此联即刻于廊柱上，清晰可览。本联将文翁治湔江与李冰建都江堰相提并论。

上联：既庶何加曰富，曰富何加曰教，至道本自尼山，文不在兹乎？独怪二千年历唐宋元明无庙祀

下联：穿堰然后有田，有田然后有收，深思长流湔水，民弗能忘也！足征十七里中士农工贾具天良

——（清）赵年熙，题彭州文翁祠

光绪十四年（1888年）四月，彭州当地"儒学训导"赵年熙撰写长联对文翁的历史功绩作了概述。本联高度赞颂文翁治湔江、富民教民的德政，以及为民谋福的精神，表达了百姓永远感恩、怀念文翁之意。

上联：化蜀比中邦看今史同昭垂合邑前贤翁是祖

下联：家舒几百世依旧人文叠起回乡老族孰居先

——李万机，题文姓祠堂

民国初年，安徽舒城县知事李万机手下公差胡作非为，竟撞碎"文翁牌位"，族人文栋臣率众上诉李纵容部下"侮辱先贤，有伤风化"。李万机赶制"新牌位"披红挂彩，鸣锣开道，亲自送至文氏祠堂，并题写本对联。

上联： 蜀郡守兴农教化
下联： 越大夫定策灭吴

——题文姓祠堂

上联： 兴文化蜀
下联： 定策灭吴

——题文姓祠堂

这两副对联写的是相同的内容。

上联典指西汉舒县人文翁，景帝末年任蜀郡守，在成都修官学，兴教化。武帝时令郡国都立官学，始于文翁。下联典指春秋时越国大夫文种。文种字少禽，楚国郢人。越王勾践时，越国被吴国击破，勾践困守会稽。文种献计，到吴随赂太宰嚭，得免于亡国。勾践入吴为人质，文种主持国政。勾践归国，君臣刻苦图强，终于灭了吴国。

上联： 比文风于邹鲁
下联： 标逸致于吴兴

——题文姓祠堂

上联典指文翁在汉景帝末期为蜀郡守时，兴修农田水利，重视教育，曾派小吏至长安，就学于博士。又在成都兴立学校，入学者得免除徭役，并以成绩优异者为郡县吏。蜀地文学，比于齐鲁。

下联典指北宋诗书画家文同。文同，字与可，梓州永泰（今四川盐亭东）人，号笑笑先生，又称石室先生、锦江道人。进士，官司封员外郎，善画竹及山水。元丰间，出守湖州，故亦称文湖州，有《丹渊集》。

上联：芳躅难湮西汉守
下联：宗风姑舍马卿才

——（清）顾汝修，题锦江书院文翁祠

清康熙四十三年（1794年）四川按察使刘德芳在文翁石室旧址上建锦江书院。

上联：由汉晋唐宋元明以迄于今，蚕丛西辟，棘路南通，想当年文翁居守，石室藏经，千百祀学校宏开，固知岷峨钟毓，世载其英，允矣光联井络
下联：溯邹鲁濂洛关闽相沿而后，鹿洞云封，鹅湖月冷，幸此地胥鼓悬堂，绛纱列帐，二三子弦歌不辍，惟参性道渊源，教惭无术，敢云远绍心传

——（清）王来遴，题锦江书院讲堂

长联共106字，全面表现了从文翁石室到锦江书院的发展历程。

上联：近圣人之居，秀映环林，七十子宗风共仰
下联：入文翁之室，名题石柱，八百人讲席同升

——（清）韩文绮，题四川锦江书院训课所

上联：欣看石室来多士
下联：幸傍宫墙近圣人

——（清）李承熙，题锦江书院藏书室

上联：天下翰林皆后进
下联：蜀中佳士半门生

——（清）李鸿章

李鸿章题赠锦江书院山长伍肇龄。伍肇龄，李鸿章同榜进士，同治十三年（1874年）掌教成都锦江书院。

上联：求根柢于文林，天府名材储石室
下联：富波澜于学海，源头活水出岷江
——（清）姜锡嘏，题四川锦江书院训课所

上联：盛轨溯文高，劝学兴贤，此日轮扶大雅
下联：英声绍扬马，敷华启秀，他时花看长安
——（清）曹六兴，题四川锦江书院讲堂

上联：石室云霞思古梦
下联：锦江风雨读书灯
——刘咸荣，题成都府中学堂

上联：爱祖国爱人民为建设社会主义而学习
下联：求真理求技艺愿增进文翁石室之光荣
横批：求实务虚
——郭沫若，题四川省成都市第四中学校

1957年时任中国科学院院长之郭沫若以此联题赠母校，纪念文翁办学2098周年。1958年题横批"求实务虚"。当时成都石室中学校名为成都四中。郭老在对联中，既指明了培养目的，又明确了培养内容，还指明了培养方法，对石室师生产生了深刻的影响，成为石室中学学生每周一升旗集会时的呼号，更是石室中学师生在新时代的追求。

上联：锦江春色来天地
下联：石室文风烁古今

——李一氓，题四川省成都市石室中学

石室中学校友李一氓于1983年为母校题写的对联，以赞颂文翁创办文翁石室在教育上对后世的影响。

上联：天生我材必有用
下联：地产人杰岂无灵
横批：锦水文风

——流沙河，题四川省成都市石室中学

1995年流沙河先生为石室中学题写。上联取自李白《将进酒》，下联为流沙河先生所撰，颂扬石室沃土人杰地灵，办学两千余年，培养了数不清的人才。

周振甫译注：《诗经译注》（中国古典名著译注丛书），中华书局，2016年。
金兆梓著：《尚书诠译》（中国古典名著译注丛书），中华书局，2010年。
杨伯峻编注：《春秋左传注》（中国古典名著译注丛书），中华书局，2016年。
杨伯峻译注：《论语译注》（中国古典名著译注丛书），中华书局，2004年。
杨伯峻译注：《孟子译注》（中国古典名著译注丛书），中华书局，2010年。
王文锦译解：《礼记译解》（中国古典名著译注丛书），中华书局，2000年。
石磊译注：《商君书》（中华经典藏书），中华书局，2016年。

（西汉）司马迁撰：《史记》，点校本二十四史修订本，中华书局，2014年。
（东汉）班固撰：《汉书》，点校本二十四史，中华书局，2010年。
（东汉）班固撰，（清）王先谦补注，上海师范大学古籍整理研究所整理：《汉书补注》，中国古代史学丛书，上海古籍出版社，2021年。
（西晋）陈寿撰：《三国志》，点校本二十四史，中华书局，1982年。
（东晋）常璩撰，汪启明、赵静译注：《华阳国志译注》，四川大学出版社，2007年。
（北魏）郦道元撰，陈桥驿译注，王东补注：《水经注》（中华经典藏书），中华书局，2016年。
（南北朝）颜之推撰，檀作文译注：《颜氏家训》（中华经典藏书），中华书局，2016年。
（南朝）范晔撰，（唐）李贤等注：《后汉书》，中华书局，1965年。
（南朝）殷芸撰，魏代富补证：《殷芸小说补证》（子海精华编），山东人民出版社，2018年。
（唐）李吉甫撰，贺次君点校：《元和郡县图志》（中国古代地理总志丛刊），中华书局，1983年。
（唐）李林甫等撰，陈仲夫点校：《唐六典》（中国史学基本典籍丛书），中华书局，2014年。
（唐）李延寿等撰：《南史》，中华书局，2016年。
（唐）魏征等撰：《隋书》，中华书局，2020年。
（唐）令狐德棻撰：《周书》，中华书局，1971年。
（唐）虞世南撰：《北堂书钞》（浙江文丛），浙江古籍出版社，2021年。

（五代）刘昫等撰著：《旧唐书》，中华书局，1975年。

（北宋）宋祁、欧阳修撰：《新唐书》，中华书局，1975年。

（北宋）乐史撰，王文楚等点校：《太平寰宇记》（中国古代地理总志丛刊），中华书局，2007年。

（北宋）李昉等撰：《太平御览》，中华书局，2016年。

（北宋）王溥撰：《唐会要》，中华书局，2017年。

（北宋）司马光编著，（元）胡三省音注：《资治通鉴》（中华国学文库），中华书局，2013年。

（北宋）黄休复撰，王中旭校注：《益州名画录》（中国书画史籍校注丛典），山西教育出版社，2018年。

（北宋）司马光撰，马艳超编：《增广司马温公全集》（师顾堂丛书），广西师范大学出版社，2020年。

（南宋）洪适撰：《隶释·隶续》（古代字书辑刊），中华书局，1985年。

（南宋）王应麟撰：《玉海》，广陵书社，2016年。

（南宋）陆游撰，钱仲联、马亚中编：《陆游全集校注》，浙江古籍出版社，2016年。

（元）马端临撰，上海师范大学古籍研究所、华东师范大学古籍研究所校注：《文献通考》，中华书局，2011年。

（元）脱脱等撰：《宋史》，中华书局，2014年。

（明）宋濂等撰：《元史》，中华书局，1976年。

（明）刘大谟、杨慎等纂修：《嘉靖四川总志》（北京图书馆古籍珍本丛刊第42册），书目文献出版社，1987年。

（明）曹学佺编，杨世文校：《蜀中广记》，上海古籍出版社，2020年。

（明）杨慎编，刘琳、王晓波点校：《全蜀艺文志》，巴蜀全书，四川大学出版社，2022年。

（清）张邦伸著：《锦里新编》，巴蜀书社，1984年。

李朝正、徐敦忠著：《彭端淑诗文注》，巴蜀书社，1995年。

（清）张廷玉等撰：《明史》，中华书局，2016年。

（清）蒋攸铦等撰，周松、多洛肯点校：《蒋攸铦文学家族诗集》（清代少数民族文学家族诗集丛刊第二辑），上海古籍出版社，2019年。

（清）袁枚著，王英志点校：《随园十种》，浙江古籍出版社，2019年。

（清）李炳灵纂，谢必铿修：《垫江县志》，光绪三十六年刻本。

（清）李惺著：《西沤外集》，同治七年刻本。

（清）常明、杨芳灿等纂修：《嘉庆四川通志》，巴蜀书社，2021年。

（清）张澍编，王斌、邓邦云校注：《蜀典校注》（巴蜀掌故五种校注），西南交通大学出版社，2021年。

（清）全祖望著，朱铸禹汇校集注：《全祖望集汇校集注》，上海古籍出版社，2021年。

张铮编辑：《石室纪事》，纪念成都联合县立中学校二十周年校庆印制，1924年。

北京石室同学总会主编：《石室学报》，纪念母校二十周年校庆印制，1924年。

石室同学会重庆分会：纪念成属联立中学三十六周年校庆《贺信》，1940年。

徐敦忠：《文翁石室的办学特色及其对后世的影响》，《四川师大学报》，1986年第5期。

四川省成都石室中学编：《石室校志》，内部印制，1989年。

徐敦忠、钟欣泰、朱泽荪著：《石室史话》，四川教育出版社，1997年。

四川省成都石室中学编：《成都市石室中学》（中国名校丛书），人民教育出版社，1999年。

钱穆著：《黄帝·秦汉史》，广西师范大学出版社，2005年。

林和生著：《文翁石室 科举和文官制度的摇篮》，成都时代出版社，2007年。

舒大刚、任利荣：《"庙学合一"：成都汉文翁石室"周公礼殿"考》，《四川大学学报（哲学社会科学版）》，2014年第5期。

四川省成都市石室中学编：《文翁石室古代文献资料汇编》，四川人民出版社，2019年。

四川省成都市石室中学编：《文翁石室诗词选》，四川人民出版社，2019年。

刘平中著：《锦江书院与"石室流风"》，四川大学出版社，2021年。

后记

我是到成都石室中学任教的那一天认识文翁的。

那一天是1960年8月28日。那时成都石室中学名叫成都市第四中学。我背着被盖卷来到了学校大门前。校门两侧挂着中国科学院院长郭沫若的对联："爱祖国爱人民为建设社会主义而学习；求真理求技艺愿增进文翁石室之光荣。"我不禁觉得眼前为之一亮，并为"文翁石室"能够对以"社会主义"而感到振奋。

接着是参观校园。在石室图书馆大门上方悬挂着一块蓝底白字的匾额，正楷书写的"文翁石室"四个大字，庄重而遒劲，题款为清代四川总督蒋攸铦。我忍不住自豪地问自己，成都市哪一所中学能够有如此厚重的历史感。

来到教学大楼前，看见的又是另一番景象。教学大楼是一座高三层的现代建筑。它的北侧有一片稀疏的柏树林。柏树林后高台上，高高矗立着庄严的成都府文庙大成殿。黄色琉璃瓦坡顶，在阳光下熠熠生辉，眩人眼目。教学大楼的南侧是泮池和棂星门，棂星门右侧三五株柏树参天，黄昏时分，群鸦回巢，呱呱的叫声不绝于耳，苍凉而悠远，让人顿时有了思古之幽情。

然而，在成都石室中学的前二十余年，我接触文翁的时间并不多。教学之初，要站上石室讲堂，必须在教学上发奋努力。只能偶尔在课余时间，到图书馆去会会文翁。

一般教师，如果不想当"教书匠"，教学业务驾轻就熟之后会思进取，其方向不外有四。一是研究教学方法，形成自己的教学特点和优势。二是研究学生，当好班主任，在育人方面总结出成功的经验。三是研究学校管理，当主任，当校长，为建一方名校而呕心沥血。四是研究教育史或者学校史，思考从哪里来、到哪里去。

轮到我抉择的时候，是在20世纪80年代，学校领导安排我去参加《石室校志》的编纂工作，于是我懵懵懂懂地走上了第四条道路。自此，八方寻觅，大量阅读，整理研究，夜以继日，终于合众人之力，数年后完成了《石室校志》的编撰工作。同时，还有了副产品，我与钟欣泰、徐敦忠两位老师共同编著了校本教材《石室史话》一书。

接着，我出人意料地被聘为了《成都市志·教育志》的总纂。该志出版后，2002年获成都市第六次哲学社会科学优秀科研成果一等奖。虽此时我已到退休年龄，但欲罢不能，又做了《成都市教育志（1990—2005年）》和《成都市志（1990—2005年）》两志的总纂，2005年被评为"全国方志先进工作者"，直至2018年两志先后编撰完成。

这些志书全都与文翁和文翁石室有关，但主要记述的是文翁石室，而不是学校的创办者文翁。所以，余心本有期待，故而不顾学识低、年事高的矛盾，又大着胆子接受了《文翁传》的撰写任务。

为文翁立传，困难之一是资料太少。中国古典文献中，正史、野史、地方志以及其他一些零星资料加起来，除去重复，现在掌握的总共不过三四千字。我们成立了编写组，大家的意见是：再次发现文翁。

首先，在信史中寻找蛛丝马迹。开始是在《汉书·司马相如传》里读到了这样一句话："蜀太守以下郊迎，县令负弩矢先驱，蜀人以为宠。"接着再读司马相如的《谕巴蜀檄》，其起句便是"告巴蜀太守"五字。这两处的"蜀太守"是谁？很可能就是文翁。因为文翁当时五十余岁，还在蜀郡守任上。后来读《汉书·西南夷两粤朝鲜传》，该传称："蜀人司马相如亦言西夷邛、筰可置郡。使相如以郎中将往谕，为置一都尉、十余县，属蜀。"这里的"属蜀"，即把司马相如通西夷后设置的"十余县"，全部划归由文翁主政的蜀郡管理。这三处相互印证，可以肯定，文翁从唐蒙通夜郎开始，便开始为"通西南夷"而操劳，并延续了二十余年。这一发现，部分填补了长期困扰的文翁晚年时期史料缺失的空白。

其次，在传说异文里去芜存真。有关文翁的民间传说并不多，且多是文翁青少年时期的故事。例如，传说中的文翁少年时作田开塘的故事，虽然其中有荒诞的部分，但最早记述这一个故事的人是王隐。王隐是东晋大臣，又是史学家，在《蜀记》中称："文翁在蜀日，常言少力田。"可见，开荒作田，符合文翁少年时代的实际生活状况。后来《录异传》《小说》《蜀典》等均辑录了这则故事。因此，文翁少年时候作田开塘的故事可以采信，便把这个故事中的荒诞部分剔除，将基本事实写进了传文之中。

再次，把文翁事迹放在历史的大背景之下，便可能有新的认识和新的发现。汉景帝末年，文翁在成都筑石室创办的蜀郡文学精舍，是中国第一所地方官办学校。这是大家公认的历史事实。但是，如果把这件事放在中国古代教育史的大背景下，你就会发现，文翁创办石室文学精舍的意义不仅于此。因为，西周时代学在官府，政教不分，民间无学；春秋战国时期，官学衰微，私学蜂起；秦代以吏为师，以法为教，取缔私学；汉初私学再兴，却无官学。仿佛官学与私学不能共存一般。是文翁第一个打破了这个"魔咒"，既支持民间办学，又创办蜀郡文学精舍作为引领，开创了官学、私学和睦相处，互为补充，共同发展，两条腿走路的新局面。文翁创造的这一教育方针影响十分深远，一直延续至今。

其四，根据文翁的身份地位与所作所为推知他的思想和主张。根据文翁是儒家学者，他入蜀后做的第一件事情是治理湔江，接着又创办学校，从而推知文翁的治蜀方略应该是孔子主张的庶而富之、富而教之。既然教育是文翁平治蜀地的一个重要举措，那么文翁的办学宗旨应该是"兴学化蜀"。又《汉书·循吏传》记载：文翁"常选学官弟子，使在便坐受事。每出行县，益从学官诸生明经饬行者与俱，使传教令，出入闺阁"。据此，文翁的办学方针是培养有实际办事能力的化蜀骨干人才，在教育方法上主张知行合一的育人模式，不仅注重知识的传授，更注重学生的实践。当然，"推知"是不得已而为之的。因为，至今尚未发现文翁的传世之作，甚至未能找到文翁的只言片语。

《文翁传》历经一年多的写作，终于成稿。全书除引言外，共有十章，后赘年表、参考书目、后记等。本书之十章可分为两个部分：第一部分为第一章至第五章，记述文翁的生平事迹。第二部分为第六章至第十章，写文翁的身后事。

参与《文翁传》写作者，一共五人。朱泽荪为负责人。其余成员全是成都石室中学骨干教师。他们用课余时间为文翁立传，十分辛苦。这四位教师是：

伍陵，中学历史高级教师，成都市（历史）学科带头人，市优秀德育工作者，市优秀青年教师，市高中学科教师研培专家组成员，四川省教育专家服务团成员。参编的书籍与教材有《校风班风与人格教育》《可爱的四川》《为生命而教》等。

邓京，中学语文高级教师，"四川省国学专家组"成员，四川省第二届"书香之家"当选人。曾在全国、省市多种中学语文教学比赛中获得特等奖和一等奖。

刘静，美术学硕士。四川省美术家协会会员。成都市中学美术骨干教师，曾获教育部"一师一优课、一课一名师"

优课奖、四川省中小学美术课堂比赛一等奖等。

李永琴，历史学博士。到成都石室中学工作后即从事石室中学校史研究，担任《石室中学年鉴》执行编辑，《石室校志（1989—2019年）》编纂组编纂。

在本书编撰行将结束之际，衷心感谢成都石室中学老校长王绍华、王家成的悉心指导和支持。衷心感谢成都石室中学校长田间、党委书记李贤中及各位副校长的热情关怀、倾心指导和全力支持。衷心感谢成都石室中学办公室主任李保诚、刘婧竹与《石室校志（1989—2019年）》编纂委员会主任叶幼梅以及全校教师的关心、帮助和支持。衷心感谢成都石室白马中学以及李世洪主任与彭州市刘世禄、刘福康、邓启君三位老师的热情支持和帮助。衷心感谢天地出版社副总编辑漆秋香的信任和指导。

由于本人学识水平有限，时间比较仓促，错误和不足在所难免，敬请专家和读者批评指正。

朱泽荪
2022年6月于成都

图书在版编目（CIP）数据

文翁传 / 朱泽荪等著. —成都：天地出版社，2023.9
（四川历史名人丛书. 传记系列）
ISBN 978-7-5455-7434-0

Ⅰ.①文… Ⅱ.①朱… Ⅲ.①文翁-传记
Ⅳ.①K827=341

中国版本图书馆CIP数据核字（2022）第217007号

四川历史名人丛书. 传记系列
WEN WENG ZHUAN

文翁传

出 品 人	杨　政
作　　者	朱泽荪 等
责任编辑	曾　真
责任校对	张思秋
封面设计	今亮后声
电脑制作	跨　克
责任印制	刘　元

出版发行	天地出版社
	（成都市锦江区三色路238号　邮政编码：610023）
	（北京市方庄芳群园3区3号　邮政编码：100078）
网　　址	http://www.tiandiph.com
电子邮箱	tianditg@163.com
经　　销	新华文轩出版传媒股份有限公司

印　　刷	河北鹏润印刷有限公司
版　　次	2023年9月第1版
印　　次	2023年9月第1次印刷
开　　本	710mm×1000mm　1/16
印　　张	15.75
字　　数	256千字
定　　价	53.80元
书　　号	ISBN 978-7-5455-7434-0

版权所有◆违者必究

咨询电话：（028）86361282（总编室）
购书热线：（010）67693207（营销中心）

如有印装错误，请与本社联系调换